零售商业模式高质量发展创新研究

林必越　著

中国财经出版传媒集团
中国财政经济出版社
·北京·

图书在版编目（CIP）数据

零售商业模式高质量发展创新研究 / 林必越著．
北京：中国财政经济出版社，2024. 12. -- ISBN 978 - 7 - 5223 - 3566 - 7

Ⅰ. F713. 32

中国国家版本馆 CIP 数据核字第 2024U6X972 号

责任编辑：彭　波　　　　责任校对：徐艳丽
封面设计：南博文化　　　　责任印制：史大鹏

零售商业模式高质量发展创新研究
LINGSHOU SHANGYE MOSHI GAOZHILIANG FAZHAN CHUANGXIN YANJIU

中国财政经济出版社 出版

URL：http：//www. cfeph. cn
E - mail：cfeph@ cfeph. cn

社址：北京市海淀区阜成路甲 28 号　邮政编码：100142
营销中心电话：010 - 88191522
天猫网店：中国财政经济出版社旗舰店
网址：https：//zgczjjcbs. tmall. com
涿州汇美亿浓印刷有限公司印刷　各地新华书店经销
成品尺寸：170mm × 240mm　16 开　11. 75 印张　166 000 字
2024 年 12 月第 1 版　2024 年 12 月河北第 1 次印刷
定价：78. 00 元
ISBN 978 - 7 - 5223 - 3566 - 7
（图书出现印装问题，本社负责调换，电话：010 - 88190548）
本社图书质量投诉电话：010 - 88190744
打击盗版举报热线：010 - 88191661　QQ：2242791300

前言

在互联网经济迅猛发展的新时代，人们的消费能力、消费观念和消费习惯等出现了重大改变，尤其是一些年轻的消费群体对网购十分青睐，已成为主流的消费方式。传统零售行业已进入一个崭新的时代，需要充分利用国内国际两个市场两种资源，进行零售行业新的战略定位与发展。在消费提质增效转型期，需要建立扩大消费需求的长效机制，从要素市场改革入手，加快推进居民零售消费商业模式创新，把传统实体零售与以互联网为基础的新零售结合起来。传统零售商业主要基于实体店铺开展经营活动，其业态包括百货商店、购物中心、超市、大型超市、专业店、专卖店、连锁便利店等，销售业绩会深深受到地理位置优劣、店铺面积大小、商家和消费者之间的交易需要面对面沟通等的影响。本书通过深入分析新时代“双循环”背景下的零售行业发展现状、商业模式、业态形式、流通渠道和商圈布局，提出了一系列创新观点和建议。本书共有九章，主要内容如下：

第一章对新时代的社会经济环境进行分析，介绍零售商业的发展过程和新时代零售行业整体发展概况，从规模、营业额、销售增速等全方位分析零售商业的市场情况；同时，对新时代想零售行业发展的区域性、周期性、科技性的特征进行阐述，并从零售商业的市场主体、竞争态势、品类结构及运营变化等进行梳理。

本书第二章基于新时代背景下零售行业的整体发展现状，展开对该行业营商环境影响因素的分析，从制度环境、政府公共服务、市场环境、信用体系四个维度进行研究。其中，在制度环境的分析中，特别对政府如何鼓励实体零售创新转型政策以及扶持“跨境零售”、营造良好发展环境进行了阐明。此外，针对零售行业信用体系的梳理，以三大案例进行补充分析，能够更加清晰地阐明建立多种信用体系机制的优越性。

第三章，针对零售行业的商业格局变迁历程进行了体系化的梳理，将大型百货业、连锁超市、购物中心各自为主体的零售业态阶段进行整合，并进一步将当下全新发展的以网络商店为主体零售业态阶段展开了创新性分析。但本书观点并未将各阶段完全割裂，而是建立在各阶段水乳交融又各自独立的态势上进行分析的，本书认为时至今日，各阶段呈现相辅相成的状态。

第四章，对于零售商业模式类型进行了详细介绍。先通过对传统零售商业模式进行分析，让读者了解到传统零售行业的内涵及盈利方式；在对传统零售行业内涵进行介绍后，本书还将传统零售行业细分为两种商业模式，即“产品主导型”与“服务主导型”商业模式，并结合经典案例对这两种商业模式进行分析。分析完传统商业模式后，本书针对零售商业模式最新发展趋势，对新零售业商业模式进行分析，新零售是一种创新的商业模式，结合了人工智能和大数据技术。它依托互联网平台，对产品的各个流程进行优化升级，特别是在流通和销售环节。在本部分，先对新零售背景和发展进行分析，然后列举出当前新零售商业模式存在的特征，最后总结未来新零售模式发展路径。在对传统零售模式与新零售模式有了充足了解后，本章还对新零售与传统零售融合商业模式进行了分析，并且列举了许多经典案例。

第五章，围绕当前零售行业业态形式发展进行分析，该部分分为三小节：第一节为“零售行业业态形式特征”，对不同类型零售行业业态模式特征进行了分析；第二节则是通过零售行业业态发展现状及发展趋势进行分析，总结出了当前零售行业业态分布格局；第三节还根据国家内贸局《零售业态分类规范意见》将中国零售业商店分类确定为8类，文中对于这8类零售业商店发展现状和未来发展趋势进行了详细分析。

第六章，研究内容更为聚焦，瞄准了当前零售行业流通渠道类型进行分析。第一节对零售行业流通渠道特征、作用与分类进行介绍，让读者对零售渠道有了初步了解。第二节分析了影响渠道建立的各大因素，包含商品、市场等；随着时代的发展，流通渠道数量也不断增加，当前线上零售流通渠道与我们生活息息相关。第三节分析了线上零售流通渠道优势，并指出线上零售渠道也同样存在一定劣势，因此不能抛弃传统的线下零售渠道。第四节对于线下零售流通渠道同样进行了分析，并对于线下零售渠道未来发展趋势进行了展望，提出了相关建议。

第七章，对零售行业商圈布局进行了分析研究。首先分析了零售业选址的影响因素，可以概括为地区经济发展水平、政府的政策、交通、零售企业的竞争情况、商业配套设施、未来发展潜力。本章介绍了零售行业商圈布局的不同类型，可以按来店顾客占该区域顾客的占比划分、按商圈地理位置划分、按集聚形态划分、按商业设施类型划分和按智能化程度划分。而影响商圈布局的因素可以概括为消费者行为、交通和地理位置、竞争环境、经济环境和政策法规、技术进步等。未来零售行业商圈布局可能从线上线下融合、体验式消费、智能化和数字化、社交化和场景化、社区化和便利化、绿色化、多业态协同发展等方面发展。

第八章，介绍了四种零售商业模式创新发展，分别为零售商业体验式发展、零售商业智能化发展、零售商业＋互联网模式发展和零售商业价值链创新发展。本章详细介绍了四种零售商业模式创新发展的形式、内容，重点介绍了零售商业＋互联网模式发展和零售商业价值链创新发展。零售商业＋互联网模式发展从多角度深入分析了传统电商在行业转型和变革中，利用互联网提高品牌知名度的两种方式：线上直播电商和线上社群运营。零售商业价值链创新发展首先要依托大数据准确定位市场，增强企业的竞争力和盈利能力。其次要注重产品自身提升竞争力，面对多元化目标群体，实施差异化的服务策略，构建差异化高质价格体系，在同质化竞争激烈的市场中脱颖而出，增强整体市场竞争力。最后要采用多样式营销模式提升顾客兴趣。

第九章，分析了零售商业模式对社会经济的影响。本章首先从社会经济环境的变化对零售业的影响、电子商务的兴起与影响、政策优化与完善的促进分别介绍了零售商业模式社会经济适用性。其次，介绍了零售商业模式繁荣社会经济发展。零售商业模式以多种方式推动社会经济的繁荣，以盒马鲜生为例介绍了零售商业模式与数据经济融合发展；以新零售商业模式的三种主导类型介绍了零售商业模式助力供给侧结构性改革。最后，从推动开放发展、实现协同共享发展和坚持绿色发展、提升发展韧性方面介绍了零售商业模式推动经济高质量发展。

作者

2024年12月

目录

第一章　新时代背景下零售行业发展现状

第一节　新时代社会经济环境分析

2020年4月，习近平总书记提出我国经济发展要“构建以国内大循环为主体、国内国际双循环相互促进的新发展格局”。同我国过去相比较，这是“充分利用国内国际两个市场两种资源”的发展战略定位不同的新的发展战略定位。

中国WTO研究会理事马晓野认为，形成内循环为主体的发展格局，有两个不同的路径：一是通过调整令人生畏的、牵连较广的社会经济利益安排，通过建立新的社会契约，结构性地提升内循环经济消费方的可支付能力；二是直接对现有的分隔内外循环的政策措施进行调整。这两个不同的思考方向，一旦做出选择，会生发出大相径庭的政策效果。从各国的社会实践看，建立有效的社会利益博弈机制以改进国民财富初次分配，是提振社会消费能力的有效方法。中国国情不同其实是说社会状况、管理方式和治理理念不同于其他国家。提升社会低收入人群的消费能力对于加强经济内循环至关重要，这也兼有对社会治理的难点进行改革的作用。

清华大学中国发展规划研究院执行副院长董煜认为，要把握新发展格局的基本路径。在“十四五”时期，我们要找准国民经济循环的着力点，其策略包含如下：首先，明确市场活力的源泉在于消费，消费能力的核心则是收入。因此，稳步提升国民收入水平，是促进经济循环的根本之策。其次，推动制造业与信息技术的深度融合，是实现产业升级、提升国家竞争力的关键路径。这种“强强联合”的方式，有助于我们巩固并提升在全球产业链中的核心地位。此外，必须高度重视标准化、专业化。通过高水平的制定与推行，引领产品质量的提升，从而更好地满足人民日益增长的生活需求。同时，加强区域间的经济循环与合作是必不可少的。要充分发挥优势区域的辐射带动作用，推动区域间资源的优化配置和高效利用。最后，在开放的经济环境中，需要坚守经济安全底线。我们强调的以国内大循环为主体，并非意味着封闭自我，而是在确保经济安全的前提下，积极融入全球产业链、供应链和价值链。同时，我们也要注重补短板和自主创新，确保产业链的安全可控和可替代性。

国家信息中心首席经济学家祝宝良认为，构建新发展格局，要坚持扩大内需这个战略基点，要以供给侧结构性改革为主线。经济的推动是由不同阶段促成的，每个阶段都须对应匹配的需求结构、产业结构，包括技术方面的体系。2019 年以来，我国的需求结构逐步转向发展型、享受型的高质量、高品质商品和服务需求，服务业比重不断上升。与此同时，生产方式也发生了重大变化，需要不断提高供给质量满足生产和消费需要的变化。当前和未来一段时期，面对我国经济发展的环境、阶段、条件的变化，亟待深化生产要素市场的改革、推动科技创新、扩大更高层次对外开放、实施扩大内需战略、挖掘人才红利、保护生态环境。从供求双方看，我们具备规模效应、范围效应的巨大优势，能够实现内部大循环、促进内外双循环。

国务院发展研究中心发展部研究室副主任贾珅认为，从需求侧来看，即便不考虑疫情等因素的影响，我国经济体量增长效应以及由此带来的全球需求负向循环反馈影响下，2021～2035 年我国总需求年均增速也将低于4%，未来 15 年我国将长期面临需求缺口超过 1% 的挑战。总需求增长在结构性因素影响下的持续放缓，不同于传统的周期性需求紧缩，需要以新的政策思路进行应对。因此，面对持续的需求紧缩，我国要努力避免单纯依赖传统宏观经济政策，要通过其他政策工具来扩张真实支出。第一，一般性货币政策和减税政策难以应对总需求增长的趋势性放缓，帮助企业“增收”的政策将比为企业“降成本”的政策更加有效地稳定总需求。第二，以科研和教育投入为主要方向，着力扩张真实支出。我国应着力将研发经费投入强度提升至 GDP 的 3% ~4%，将教育财政投入逐步提高到 GDP 的 6%，这可以对稳定需求和经济增长产生极大的支撑作用。第三，持续稳妥推进供给侧结构性改革，推动中游和下游工业行业的行业格局改善。第四，发挥经济超大规模性优势，重构与其他国家的产业分工关系。

中国社会科学院金融研究所副所长张明认为，构建以国内大循环为主体的发展格局，关键在于促进消费市场的扩大与升级，持续推动国内产业结构的优化升级，并确保要素的自由流动与区域经济的深度融合。同时，为了构建国内循环与国际循环相互促进的发展格局，我们需要在多层面采取策略：在贸易层面，应积极推动国内国际双循环的“双雁阵”模式，以加强国内外市场的互动与互补。在金融层面，实施新的“三位一体”策略，以推动人民币的国际化进程。在开放领域，需要不断充实自贸区与自贸港的内涵，确保在风险可控的前提下，进一步开放国内金融市场。在机制领域，既要充分利用现有的国际多边机制，又要根据市场化原则，积极推动由中国倡议的多边机制建设，以更好地参与和影响全球治理体系。

中美绿色基金董事长徐林认为，如果政府将扩大内需作为一项长期战略来坚持和实施，重点不在于简单采取财政货币政策刺激投资需求或消费需求，而在于通过供给侧的一系列制度改革和管制的放松，以及日益强化的供给侧技术创新和服务模式创新，使供给侧结构能够基于市场机制更有效地迎合消费需求升级的变化。这可能是后疫情时代扩大国内需求、弥补可能的外需缺口的应有政策之义，与疫情后的政治、经济和社会稳定，都是密切相关的，值得引起决策层高度重视。

中央财经大学经济学院教授陈斌开认为，中国的居民，对于消费的需求力度弱，主要在于经济转型过程中，市场的扭曲以及地方政府的行为模式相关弊病。因此，这种背景下，仅仅依赖针对消费的短期政策来刺激内需，效果有限。

为了真正建立扩大消费需求的长效机制，我们需要从经济供给侧进行深入改革。启动居民消费首先要从要素市场改革入手，加快推动利率市场化有助于提升居民消费；积极推动户籍制度改革可以有效提高居民消费；

推翻产品的市场垄断行为，积极推动社会资本进入教育、医疗康养等领域，提高教育、医疗的有效供给，在满足人民群众生活需求的同时，为了有效提升居民消费水平，采取了诸多措施：其一，这意味着要引导地方政府减少对于某些领域的投资支出，而增加在民生方面的投入，从而直接惠及居民生活，促进消费增长；其二，财税分权体制的改进也是提升居民消费水平的重要手段。降低地方政府对土地出让金的过度依赖，能够更有效地增加土地供给，进而抑制房价的过快上涨。

综上所述，“双循环”新发展格局是我国在潜在经济增速放缓、中美贸易摩擦加剧、疫情冲击等国内国际形势出现深刻复杂变化的宏观背景下提出的重大发展战略，也是对从 20 世纪 80 年代末到今天所建设的“国际大循环”经济发展战略所作出的重大调整。因此，专家们的解读和应对策略建议各具特色，但对于未来的社会经济走向还是有不少共识：要持续稳妥深化供给侧结构性改革，建立扩大消费需求的长效机制；要稳步提高国民收入，提升内循环经济消费方的可支付能力；推动要素间的自由流动与区域融合，推动消费提质升级；等等。

第二节　新时代零售行业发展概况

一、实体零售业经营压力大，经济效益下滑

实体零售业是我国比较传统的零售业，主要基于实体店铺开展经营活动，其业态包括百货商店、购物中心、超市、大型超市、专业店、专卖店、连锁便利店等。显然，实体零售的销售业绩会深深受到地理位置优劣、店铺面积大小、商家和消费者之间的交易需要面对面沟通等的影响。在互联网经济迅猛发展的新时代，人们的消费能力、消费观念和消费习惯等在逐渐提升和改变，尤其是一些年轻的消费群体对网购很青睐，并且在近三年的疫情的冲击下，居民对于出行购物的需求明显减少，并且在诸多防疫政策的影响下，人们消费的次数欲望与次数也明显下降，卖场的人流持续下

滑，销售业绩萎缩明显，这给许多实体零售企业带来了严峻的挑战。而雪上加霜的是，与电商平台相比，实体零售企业面临着店铺租金上涨、雇佣人工成本激增、转型成本偏高、资金压力增大的困境。不仅中小型实体零售店铺的经营压力很大，2020 年末，部分大型零售店铺如中原百货、王府井等出现了关店潮。这反映出我国传统零售业正面临销售额下滑的挑战，从而影响了整个零售行业的表现。

二、线上零售业发展迅速，总体规模偏小

线上零售是区别于传统实体零售的新零售模式，它以互联网为依托，在大数据以及人工智能等现代高科技的支持下，重塑业态结构与生态圈，实现了线上销售与线下物流快速配送相结合的形式，发挥了实体零售所不具备的优势。近些年来，线上零售业发展迅速，商家如云，其中具有较高知名度的就有不少，其中包括专注于生鲜、食品、日用品的平台，如多点、朴朴、盒马、美团闪购、京东到家、每日优鲜、叮咚买菜等；专注于家用电器的平台，如苏宁易购网上商城；以及提供综合类消费品的平台，如天猫、京东、拼多多、抖音直播等。有实力的商家会通过结合各种科学技术，匹配合适的商流来控制配送成本和配送效率，例如，京东不用常规地从商家发货的配送模式，实行线下仓库配送，根据消费者的下单地点匹配最适宜的仓库进行配送，在很大程度上缩短了送货的时间；天猫超市推出了 1 小时高效送货上门的服务；朴朴超市则是追求“一站式”移动端 30 分钟即时配送，为消费者带来更优秀的消费体验。不过，在大型新零售企业如京东和苏宁的引领下，销售额显著增长。同时，众多中小企业也为经济发展作出了积极贡献，尽管它们的零售数据和额度可观，但总体规模仍相对较小。

三、零售行业销售总额增长，增速放缓

国家统计局的数据显示，2016～2023 年社会消费品零售总额从 31.58

万亿元到 47. 14 万亿元，除了 2020 年、2022 年受到疫情影响减少外，逐年增长，但增速基本呈逐年放缓趋势，具体数据见表 1 – 1，绘制成图1 – 1更直观。

表 1 – 1　2016 ~ 2021 年社会消费品零售总额和增速情况

年份	2016	2017	2018	2019	2020	2021	2022	2023
零售总额（亿元）	315806. 2	347326. 7	377783. 1	408017. 2	391980. 6	440823. 2	439633	471495
增速（%）	10. 2	10	8. 8	8	– 3. 9	12. 5	– 0. 2	7. 2

资料来源：根据国家统计局的数据整理、计算绘制。

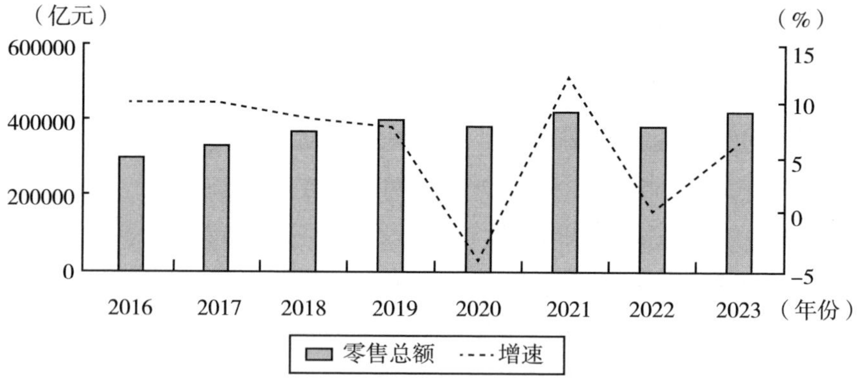

图 1 – 1　2016 ~ 2023 年社会消费品零售总额和增速情况

资料来源：根据表 1 – 1 绘制。

从图 1 – 2 可以看出，2022 年的月度社会消费品零售总额折线总体向右上方延展，增长趋势不变，但数值除了秋季略高于 2021 年外，其余时段都不如 2021 年，足见零售行业深受疫情影响。图 1 – 3 则明确地告知人们，2022 年零售行业增速逐年放缓的趋势不改。究其原因，社会零售总额是由实体零售额和线上零售额两部分构成，近年来，我国网络消费的占比持续增大，但实体零售经济仍旧占据相当之大的市场份额，其主体仍是零售。详情如图 1 – 4 所示，其逻辑和趋势目前没有改变。而从前面可知，实体零售业的经济效益下滑，拖累了零售行业。

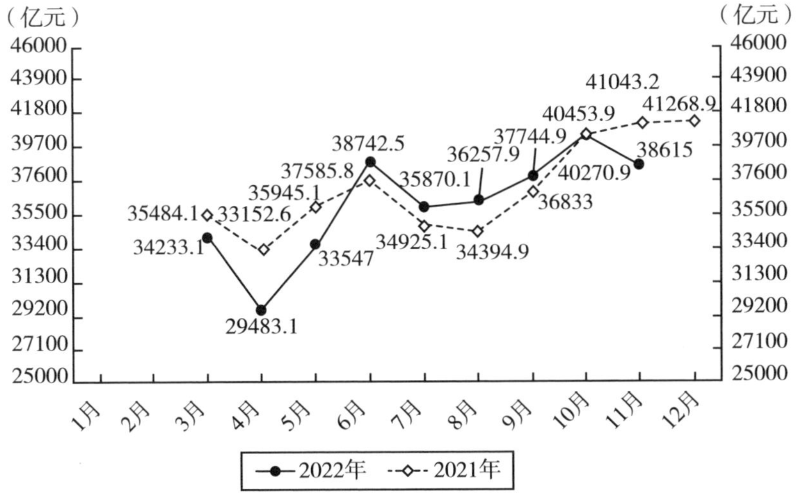

图 1－2　2021～2022 年月度社会消费品零售总额对比

资料来源：野天鹅网。

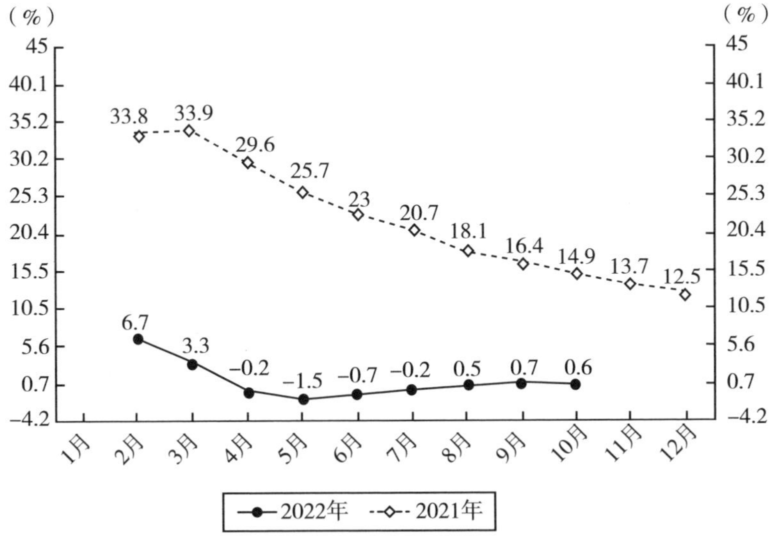

图 1－3　2021～2022 年社会消费品零售累计同比增长率对比

资料来源：野天鹅网。

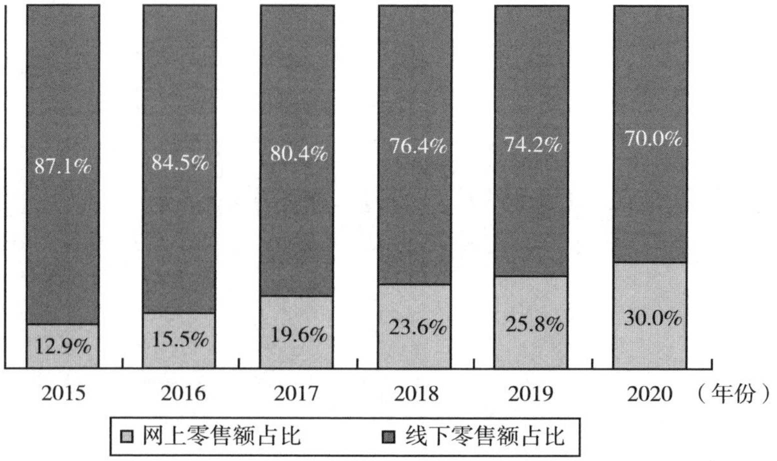

图 1－4　2015～2020 年社会零售总额构成

资料来源：艾瑞咨询。

第三节　新时代零售行业发展特征

一、区域性

零售行业的景气水平与居民的收入水平、消费水平、消费理念和消费习惯息息相关。我国幅员辽阔，各大区域的经济发展水平不同，影响居民消费的这四大因素也不同，导致零售行业的大区域发展不平衡，区域内各省区市的发展也不平衡。按照《中国统计年鉴》上的分区方法，我国六大区域划分，华北区域涵盖了北京、河北、天津、山西以及内蒙古；东北区域则包括辽宁、吉林和黑龙江三省；华东区域则较为广泛，包含上海、江苏、浙江、安徽、福建、江西和山东等地；中南区域则跨越了河南、湖北、湖南、广东、广西以及海南等地；西南区域涵盖了重庆、贵州、四川、云南和西藏；而西北区域则包括陕西、甘肃、青海、宁夏和新疆等地。表 1－2 是根据《中国统计年鉴》2017～2021 年的数据整理、计算而得。

表 1-2　2016~2020 年全国及六大地区限额以上零售企业主要指标情况

年份	法人企业单位（个）					年末从业人数（万人）					商品销售总额（万亿元）				
	2016	2017	2018	2019	2020	2016	2017	2018	2019	2020	2016	2017	2018	2019	2020
全国	98305	99182	97819	102469	107761	697.6	677.4	657.6	645.3	639.2	12.6	12.3	12.5	13.0	13.1
华北	9046	8642	8261	9224	9859	96.3	89.5	83.6	82.1	77.9	1.8	1.7	1.7	1.8	1.9
东北	5472	5318	4788	4585	4654	39.9	37.5	34.3	32.2	32.3	0.7	0.7	0.6	0.6	0.6
华东	37344	37917	38265	38932	40909	251.4	247.7	243.7	236.3	235.1	4.8	4.8	5.0	5.1	5.2
中南	28223	28468	27631	29951	31314	191.8	187.4	181.6	180.8	180.4	3.3	3.1	3.2	3.3	3.2
西南	12312	12572	12440	12707	13325	78.9	75.5	76.0	75.4	74.9	1.4	1.4	1.4	1.5	1.5
西北	5908	6265	6434	7070	7700	39.3	39.8	38.4	38.5	38.6	0.6	0.6	0.6	0.7	0.7

资料来源：根据《中国统计年鉴》2017~2021 年的数据整理、计算绘制。

从表 1-2 可以看出，全国及六大区域零售行业的发展状况是不同步的，就限额以上零售法人企业的数量而言，华北走“V”形，全国、中南和西南走“N”形，东北基本逐年减少，华东和西北逐年增加；年末从业人数显示，除了西南和西北有起伏外，全国、华北、东北、华东和中南都是逐年下降的趋势；商品销售额方面，全国、华北和中南是波动的，东北是稳中有降，华东、西南和西北是稳中有升。除了这些趋势上的不同外，发展水平的差异从表 1-2 中数据可见一斑。

为了佐证零售行业在区域内各省区市的发展也是不平衡的，我们选取经济较发达的华东和经济欠发达的西北作为代表进行近两年的比较分析，根据国家统计局发布的数据整理、计算得到表 1-3 和表 1-4。

表 1-3　2020~2021 年华东各省区市限额以上零售企业主要指标情况

年份	法人企业单位（个）			年末从业人数（人）			商品销售总额（亿元）		
	2020	2021	增速（%）	2020	2021	增速（%）	2020	2021	增速（%）
上海	2828	2903	2.65	375931	391925	4.25	10334.4	12110.8	17.19
江苏	9946	12310	23.77	498272	520597	4.48	12005.4	13383.3	11.48
浙江	6106	6536	7.04	350549	363710	3.75	9452.6	10625.3	12.41

续表

年份	法人企业单位（个）			年末从业人数（人）			商品销售总额（亿元）		
	2020	2021	增速（%）	2020	2021	增速（%）	2020	2021	增速（%）
安徽	5087	5152	1.28	248711	247058	-0.66	4605.4	4867.5	5.69
福建	7275	7339	0.88	302786	292345	-3.45	6673.0	7270.9	8.96
江西	3864	4671	20.89	163093	179224	9.89	2620.2	3233.7	23.41
山东	5803	6441	10.99	412063	417385	1.29	6860.6	7921.3	15.46

资料来源：根据国家统计局的数据整理、计算绘制。

从表1-3可以看出，除了安徽和福建年末从业人数2021年比2020年减少以外，其他指标都是2021年比2020年增加的，但是增速差异较大：法人企业数量增速最大的是江苏23.77%，最小的是福建0.88%；年末从业人数增速最快的是江西9.89%，最慢的是福建-3.45%；商品销售总额增速最高的是江西23.41%，最低的是安徽5.69%；由此可见华东区内零售业发展的不平衡性。

从表1-4可以看出，除了陕西和青海年末从业人数2021年比2020年减少以外，其他指标都是2021年比2020年增加的，但是增速差异较大：法人企业数量增速最大的是新疆19.76%，最小的是青海无增加；年末从业人数增速最快的是甘肃9.67%，最慢的是陕西-5.67%；商品销售总额增速最高的是甘肃14.41%，最低的是青海1.37%；由此可见，西北区内零售业发展也是不平衡的。

表1-4　2020~2021年西北各省区市限额以上零售企业主要指标情况

年份	法人企业单位（个）			年末从业人数（人）			商品销售总额（亿元）		
	2020	2021	增速（%）	2020	2021	增速（%）	2020	2021	增速（%）
陕西	4687	4974	6.12	214228	202080	-5.67	3905.3	4069.8	4.21
甘肃	1066	1216	14.07	65792	72154	9.67	1004.7	1149.5	14.41
青海	258	258	0.00	15287	15067	-1.44	233.9	237.1	1.37

续表

年份	法人企业单位（个）			年末从业人数（人）			商品销售总额（亿元）		
	2020	2021	增速（%）	2020	2021	增速（%）	2020	2021	增速（%）
宁夏	292	306	4.79	21927	24023	9.56	310.6	340.7	9.69
新疆	1397	1673	19.76	69156	74964	8.40	1205.6	1353.1	12.23

资料来源：根据国家统计局的数据整理、计算绘制。

此外，在特定区域，本地零售企业通常比外地来的有较强的竞争力，发展得更好。这主要是基于以下两点：一是本土企业具有获得优质商业资源的先发优势；二是地域间的文化和消费习惯、消费理念不同，本土企业更了解当地消费需求和消费习惯。

二、周期性

经济周期理论认为，经济发展过程中的扩张与收缩、繁荣与萧条存在周期性规律，经济周期也称为商业周期、景气循环。零售行业的发展受宏观经济状况的影响，也具有一定的周期性。虽然大部分零售消费商品需求具有较大刚性，使得零售行业在经济景气时能较好地分享经济成长，在经济萧条时具有较好的防御性，但是每年存在销售和消费淡季、旺季是众所周知的。国内零售市场从每年九月至次年二月为消费旺季，销售收入和利润较高；三月至八月为消费淡季，销售收入和利润较低。此外，在春节、国庆节等节日和长假期间，消费需求也会较平时大幅增长。电商头部企业创立、发起的各大特殊日期的促销活动，如京东的“6·18”；淘宝的“双11”和“双12”；各大电商网站的店庆日、年中大促等对消费者的消费习惯造成了较大影响，消费者在电商节的买买买，使得零售业的业绩明显高于平时。

三、科技性

零售行业的生产要素主要有三个：人、货、场。其中，“人”是消费者，零售活动是商品和服务从供应链末端进入消费市场的关键环节，直接面向消费者提供服务；“货”是商品或服务，零售活动则是直接将商品或服务销售给最终消费者的商业活动；“场”是发生交易的消费场景，它连接着“人”与“货”。“人货场”三者的重要性会随着市场时期的不同而改变：在供不应求的物资短缺时代，“货”毫无疑问是第一位的，或者说是核心，任何产品无论有没有“场”都能很容易卖出；在物质极大丰富后的传统零售时代，“场”便占据了核心位置，越是争取到商场或商圈的黄金位置，“货”才卖得越好；在互联网等新技术不断涌现和成熟应用的新零售时代，“人”是当仁不让的核心，而“场”服务于“人”可以无处不在。

新时代的零售活动是以“人”为中心的，即：消费者需要什么“货”，商家就能提供什么“货”；消费者想买时，线上线下的“场”随时随地可买。这就需要做到以下几点：一是清楚地了解消费者的消费习惯和特征，关注消费者的需求和体验，为消费者提供更好的匹配的产品和差异化的个性化的服务；二是形成门店数字化、移动购物、社交电商直播带货购物与线上线下业务融合发展的全渠道模式，等等。而如果没有科技领域的大数据、物联网、移动支付、云计算、人工智能技术等的支持和驱动，零售业的数字化、智能化转型就缺乏推动的核心力量；没有数字化、智能化转型，就不能打破实体零售活动的时间和空间的限制，也就没有真正的新零售，做不到上述的以“人”为中心。

第四节　新时代零售行业市场现状

一、外资加速抢占市场

国家统计局的数据显示，登记注册的限额以上的外资零售业法人企业数从2016年的987个增加到2021年的1561个，年末从业人数由2016年的428705人增加到2021年的446593人，商品销售额从2016年的7759亿元逐年递增到2021年的18856.82亿元。如果没有比较，我们就不知道这些数值和增幅在行业中的表现如何，因此，以第 3 个指标为例，根据国家公布的限额以上的内资、港澳台资、外资零售企业的商品销售额数据，计算出它们占全国限额以上零售业商品销售总额的比例，绘制成图 1－5。

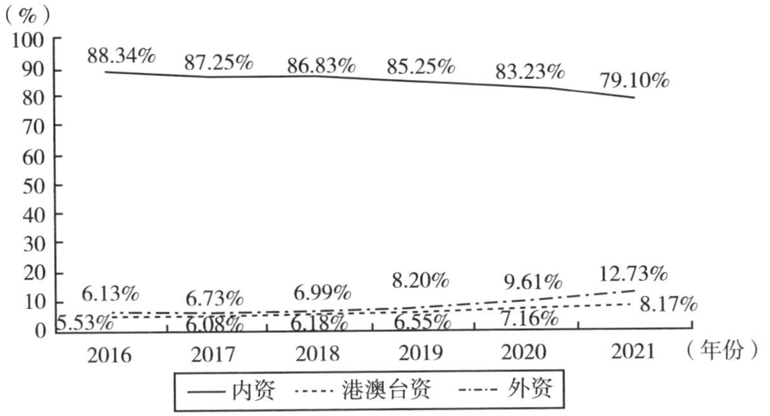

图 1－5　2016～2021 年限额以上的内资、港澳台资、外资零售企业的商品销售额占比

资料来源：根据国家统计局的数据整理、计算绘制。

从图 1－5 可以看出，在我国的零售行业中，内资、港澳台资、外资并不是三足鼎立、平分秋色的，内资是绝对的主体，但是，在商品销售总额的组成中，内资企业的份额在逐年缩小，由 2016 年的 88.34% 下降到 2021 年的 79.1%；相反，港澳台资、外资的份额却是在逐年扩大，分别由 2016 年的 5.53%、6.13% 增加到 2021 年的 8.17%、12.73%，后者翻倍增长。众所周知，2020～2021 年我国社会经济深受疫情困扰和防疫政策的影响，面对复杂多变的市场环境，各行各业都不景气，有的活得还很艰难。但是，零售行业中的外资企业却是在加速进入和成长，不断蚕食着国内市场；它们在经营理念、企业规模、服务质量、营销手段等方面对内资企业发起了强大的冲击，竞争力态势强劲。

二、市场竞争分化

零售行业产业链的上中下游分别是商品供应商、零售商和消费者。从中游看，多元的零售业态从总体上可以将零售业务主要分为两大类：有店铺零售和无店铺零售。有店铺零售涵盖百货店、超市、大型超市、仓储会员店、专业店、专卖店、购物中心、便利店、折扣店以及无人值守店等多种形式。而无店铺零售则涵盖了不同的经营模式：电视购物、邮购、网络购物、电话购物、直销等。零售行业覆盖日常生活的方方面面，进入门槛不高，参与者数量庞大，市场竞争不可避免，但激烈程度不一。下面从行业整体、百强及头部、业态和地域分述。

2022 年 8 月 23 日，中国商业联合会、中华全国商业信息中心联合发布了 2021 年度中国商业零售百强名单，其中包括实体零售商和线上平台。天猫、京东、拼多多分别以销售规模 34640 亿元、32969 亿元、24410 亿元蝉联榜单前三位；大商集团、苏宁易购、唯品会、国美、红星美凯龙、居然之家、沃尔玛排在第 4 ~ 第 10 位。2021 年，零售百强企业的销售规模累计达到 12. 1 万亿元，较上一年增长了 14. 1%，这一增速超过了社会消费品零售总额的增速 1. 6 个百分点。同时，零售百强企业的销售额在社会消费品零售总额中所占的比重也有所提升，达到了 27. 5%，相比 2020 年提高了 1. 2 个百分点。这表明零售百强保持着较快增长的态势，但规模还是偏小，意味着零售行业的竞争是充分的、完全的。

在 2021 年零售百强企业中，第 1 名天猫销售规模为 3. 5 万亿元，占百强整体销售规模的比重为 28. 6%，比 2020 年下降 2. 5 个百分点；前 3 名销售规模合计为 9. 2 万亿元，占百强整体销售的比重为 76. 0%，比 2020 年上升 3. 3 个百分点；前 5 名销售规模合计为 9. 7 万亿元，占百强总销售的比重为 80. 5%，比 2020 年上升 0. 6 个百分点；前 10 名企业销售规模合计为 10. 4 亿元，占百强总销售规模的比重为 85. 9%，比 2020 年上升 0. 2 个百分点。历年来零售百强前几名销售规模占百强总销售的比重情况如图 1 –6 所示。

从图 1 –6 可知，除了零售百强第 1 名销售规模占比稍有波动外，百强前 3、前 5、前 10 名的占比都是一路上升的，且近两年百强前 10 名的销售规模占百强整体销售规模的比重均超过了 85%。从这个市场集中度指标看，头部零售企业的市场份额越来越集中，百强内部的竞争态势偏垄断型。

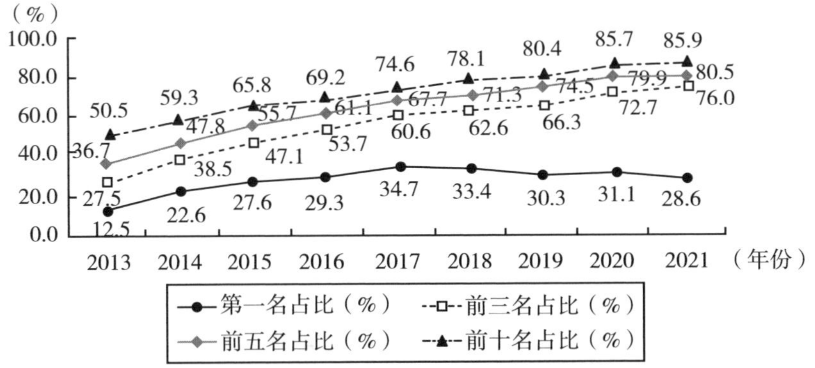

图1－6　零售百强第1、前3、前5、前10名销售规模占百强总销售的比重

资料来源：中华全国商业信息中心。

从业态看，在2021年零售百强企业中，以实体店铺为主的零售商有96家，其中以百货、便利店、购物中心为主的业态销售额增长较快：以百货为主的业态销售额同比增长9%，以便利店为主的业态同比增长22.1%，以购物中心为主的业态同比增长11.8%；以超市为主的业态同比增长0.2%；以专业店为主的业态同比下降16.3%。这96家企业的销售规模同比下降0.8%，低于上年同期0.6个百分点。而百强中的4家电商平台企业的销售规模为9.4万亿元，同比增长19.3%，4家电商的销售规模占百强总销售的比重为77.8%，较上年提高3.3个百分点。可见，电商巨头依靠优质的价格和送货上门服务，尤其是入局社区团购后，不断抢夺线下零售市场的客流，使得整个零售行业处于各业态分庭抗礼、相互竞争渗透的局面。

从地域看，东部沿海地区较为发达，竞争更激烈，中西部地区相对落后，竞争相对平和。这从各地拥有零售行业有代表性上市公司的数量可见一斑：东部沿海有8家，分别是上海的拼多多、徐家汇、老凤祥、百联股份、爱婴宝，江苏的文峰股份，山东的家家悦，福建的永辉超市；中部有湖南的步步高、友阿股份2家；西南有四川的茂业商业、重庆的重庆百货、云南的一心堂共3家；西北有宁夏的新华百货、新疆的汇嘉时代共2家。从另一个角度讲，零售行业在一线以及部分二线城市的市场竞争加剧，三线和四线城市的竞争激烈程度相对较小、发展空间较大。

三、品类结构分化

零售行业涉及的细分领域很广，产业链的上游提供的商品就有生鲜水果、食品饮料、服装、日用品、药品、家电、汽车、珠宝首饰等诸多品类，它们又可以归属于吃、穿、用三大类中。近几年来，受疫情的影响供需双方都在做出改变：线下门店加速拓展其线上销售渠道，加快数字化转型；消费者纷纷由线下购买习惯转到到家业务、直播购物等线上场景进行消费，而且偏重刚需的生活必需品类。艾瑞咨询在 2021 年 6 月发布的中国即时零售行业研究报告显示，2020 年食品饮料、生鲜水果、医疗保健等类型产品线上消费人群迅速提升，线下消费却是锐减，具体情形如图 1－7 所示。

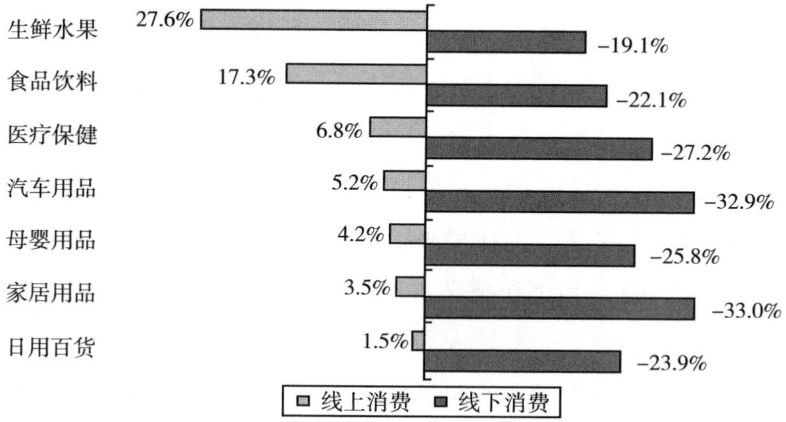

图 1－7　2020 年中国线上及线下消费行为变化

资料来源：艾瑞咨询。

艾瑞 Click 调研平台的数据显示，2020 年，即时零售电商平台上的用户最常购买的商品主要集中在生鲜食品领域，包括水果蔬菜、休闲零食、粮油副食、牛奶乳品以及肉禽蛋等，且相比于 2019 年的购买人群占比还要高，前 4 项都在 50% 以上，第 1 项更是超过 70%，达到 71.2%，详见图 1－8 和图 1－9。

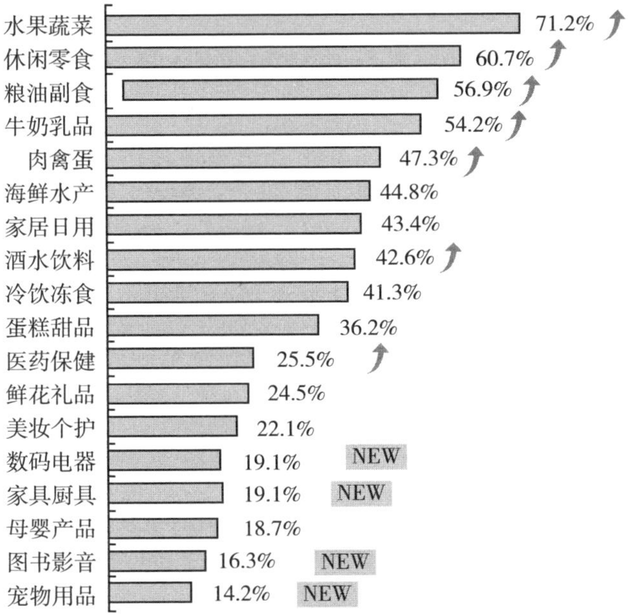

图 1－8　2020 年中国即时零售消费者购买品类

资料来源：艾瑞咨询。

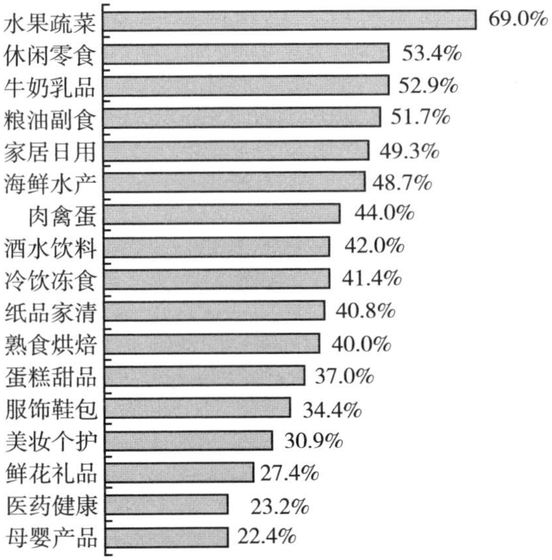

图 1－9　2019 年中国即时零售消费者购买品类

资料来源：艾瑞咨询。

艾瑞咨询从美团闪购平台 2020 年 5 月至 2021 年 4 月的销售数据中发现，越来越多的即时零售用户在线上购买鲜花及酒类产品，而且随着时间的推移，一直保持高速增长，如图 1－10 所示。

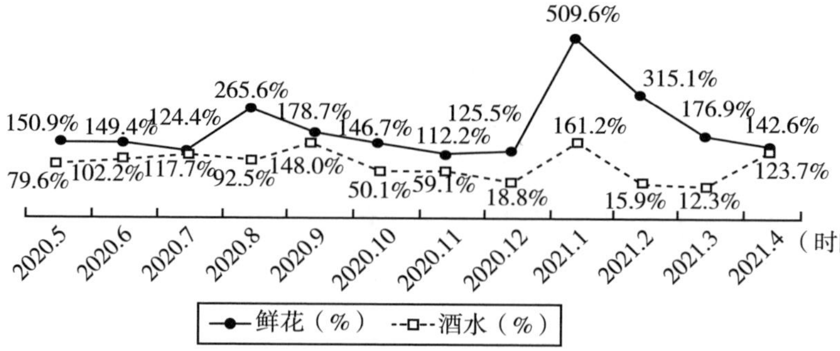

图 1－10　2020 年 5 月至 2021 年 4 月美团闪购鲜花及酒水销售额同比增速

资料来源：艾瑞咨询。

高瞻智库认为，从结构看，在特定品类中，线上市场份额显著超出 24.9% 的平均水平。家电品类尤为突出，其线上占比已突破一半。此外，纺织服装、家化家清以及食品饮料等品类也展现了较高的线上渗透率，普遍被认为会超越 24.9% 的平均值，这些品类也是线下零售企业关注的重点。尤其值得注意的是，食品类商品在过去的六年中，其线上销售额的增幅普遍在 30% 以上，显示出强劲的增长势头。吃穿用三大类商品网上零售的增幅情况如图 1－11 所示。

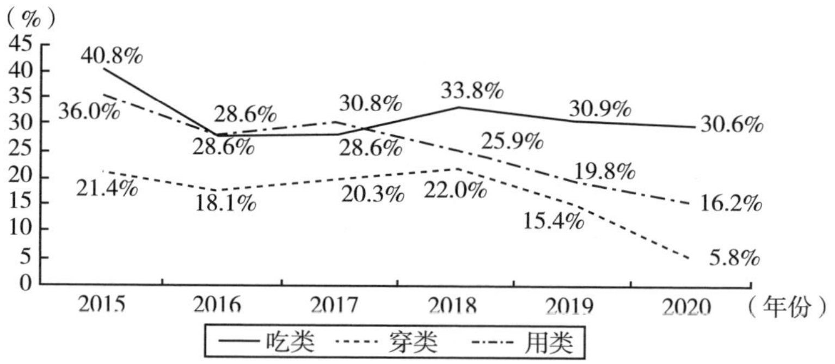

图 1－11　吃穿用三大类商品网上零售的增幅

资料来源：知乎、高瞻智库。

中国百货商业协会的研究结论是：基础消费品零售增长显著，同时升级消费需求呈现稳步增长态势。这一趋势在多个方面均有体现：在食品与日常用品方面，销售增长势头强劲。数据显示，2022 年 1 月至 10 月期间，粮油食品类、饮料类、烟酒类以及日用品类商品的零售额均实现了同比增长，具体增长率分别为 9%、6.6%、4.2% 和 1.6%。特别地，2022 年 10 月，粮油食品类和饮料类商品的零售额同比增长率分别高达 8.3% 和 4.1%，均高于同期整体商品零售额的增长速度。

与此同时，升级类消费品的零售表现也颇为亮眼。2022 年 1 月至 10 月，文化办公用品类和书报杂志类商品的零售额同比增长率分别为 5.9% 和 6.5%，均超过了整体商品零售额的增长水平。特别是在 2022 年 10 月，体育娱乐用品类和书报杂志类商品的零售额增长率分别为 1.8% 和 5.1%，显示了消费者对于更高品质、更具文化价值的商品需求的增加。

四、私域运营兴起

阿里和京东提出，新零售是“以消费者为中心”的，这就要求零售企业需要更加注重客户的需求和体验，和客户在各个层面有更高频的触达、更深层次的互动。于是，线上线下融合发展成为零售商家的共识：线上零售开始布局线下，在线下构建业务场景和获客；传统零售布局线上，结合“人货场”开始耕耘私域流量。根据 2022 年中国百货商业协会的最新调研数据，高达 85% 的受访企业已经涉足线上业务，且大部分企业反馈当前线上业务销售占比相较上年同期呈现上升趋势。展望未来，预计在未来一年内，这些企业将进一步加速线上业务的拓展与布局。私域流量相较于公域流量优势明显，它是无须付费，可以在任何时间，频次自由、快捷地触达到用户的渠道。因此，零售企业非常重视私域流量的建设与运营。私域的基本逻辑是社交，私域运营的本质是通过产品、内容活动和用户建立长久信任关系。微信的社交属性使得微信特别适合做私域。自微信支付兴起后，凭借个人微信、企业微信、社群、小程序、公众号等方式，为私域流量的发展打下了良好的基础，微信生态也成为打造私域流量的关键。越来越多的商家，借助小程序的多人拼团、好友砍价、社区拼团等多种营销工具，完成订单转化。根据中国百货商业协会的调研，企业普遍认为，自行建立的会员体系和微信聊天群是构建私域流量的首选方式。紧随其后的是社群、公众号以及企业微信等渠道。除此之外，为了更全面地覆盖目标用户群体，抖音、微博、小红书等平台也被视为企业建立私域流量的有效补充手段。这些多元化的方式共同助力企业构建稳固的私域流量池，提升用户黏性和品牌忠诚度。详情见图 1－12。

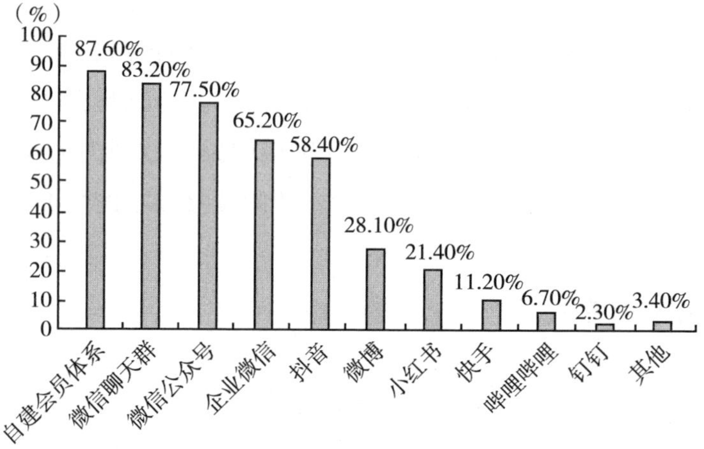

图 1－12　调研受访企业建立私域流量的方式

资料来源：中国百货商业协会。

在私域流量概念越来越深入人心以后，微信生态的小程序、微信群、公众号、视频号、直播已经打通融合，小程序＋直播＋商城＋私域流量，成为大部分企业的运营基础四件套，其中的小程序＋直播是销售工具，而商城＋私域流量则是运营方式。总而言之，零售市场进入了争夺存量资源的竞争市场，产品运营＋用户运营＋内容运营的私域运营已经兴起。

第二章　零售行业营商环境影响因素研究

从宏观层面上分析营商环境内容多样，包含影响企业发展的社会因素、经济因素、政治因素等多个方面，一个区域的营商环境好坏直接影响着招商引资的多少、区域内企业生产积极性、当地政府的财税收入等。对本书所要讨论的零售业来说营商环境主要受制度、政府公共服务、行业市场、信用体系四方面影响。当前零售业正处于巨大的转型期，传统零售向新零售、网络零售转型，在此背景下政府出台了众多政策法规助推零售业发展；在政府职能方面，正向服务型政府转变，为零售行业提供更优质的公共服务，如优化零售业产业布局、提高行政审批效率等。在市场方面，零售业市场变得更加公平，围绕科技、技术方面的竞争变得更加激烈；此外，零售业以小商品贩卖为主，市场信用体系的建设有利于商品、资源快速流动，加速推动国内大循环。

2018 年，国务院成立了加速推进政府职能转变和“放管服”改革协调小组，并设立营商环境优化专题组。国家先后颁布了一系列关于优化营商环境的文件，包括《关于部分地方优化营商环境典型做法的通报》，并对优化营商环境做出了具体部署。这些部署的重点主要体现在以下几个方面：一是逐步放宽市场准入门槛，让市场交易变得更加方便。航空、铁路等重点运输领域开放力度进一步加大，以往一些垄断行业通过混合改制方式积极引入民间资本。二是加大市场监管执法力度，对于破坏市场营商环境的行为严厉处罚。三是建立健全社会评价机制，倒逼政府部门不断优化营商环境，完善了信用体系建设，使买卖双方评价更为透明公正。可以看出，当前不管是宏观层面上的营商环境建设还是细分下的零售业营商环境建设，都离不开政策制度、政府公共服务及市场行业因素和信用体系建设四个方面。此外，当前全国已基本建成了一体化的数据共享交换平台体系，并在全国各级政府部门开通了1000多个数据共享服务接口，数据互换量已达300亿次。这一举措深化了“互联网+政务服务”，为人民群众和企业办事提供了更便利的途径。

第一节　零售行业制度环境因素

零售行业发展状况受多方面条件影响，既包括政策法律、社会经济、消费者需求，还包含行业竞争状况以及地区经济环境等。其中，政治法律主要由国家的体制机制、政府经济政策、社会局势、法律法规等因素组成，因此制度环境因素应当归结于在政治法律模块下，以下将对影响零售行业发展的部分法律法规作出梳理与分析。

一、出台制度背景

中国的零售行业正在经历着快速的变革和发展。随着消费者需求和消费习惯的不断变化，零售业也在不断适应和调整。首先，中国的消费市场规模庞大，消费者需求旺盛。其次，中国人口众多，消费水平逐年提高，消费需求也在不断增加。随着城镇化进程的不断加快，人民群众的收入水平不断提升；消费不断升级，人们对于品质、服务、体验等方面的要求也越来越高，这为零售业带来了巨大的发展机遇。针对这些变化，中国政府及时出台了相关政策，为零售业提供了有力保障。政府鼓励发展消费市场，促进消费升级，推动零售业的创新和发展。政府还出台了一系列的扶持政策，包括减税降费、优惠贷款、土地政策等，为零售企业提供了更加优惠的经营环境。

二、制度环境分析

零售业归根结底是商业模式的一种类型，需要投资人的战略眼光和资金的投入，中国政府为保证零售业市场的有序运行和营造良好的营商环境出台了一系列法律法规。其中包括《中华人民共和国反不正当竞争法》等。《中华人民民法典》规定了合同的形成、履行、终止、解除等，以及合同的效力、责任等，为投资零售行业提供了法律支持。《中华人民共和国消费者权益保护法》规定了消费者的权利和义务，以及消费者权益保护的有关规定，为投资零售行业提供了法律保障。《中华人民共和国反不正当竞争法》规定了反不正当竞争的行为，以及反不正当竞争的有关规定，为投资零售行业提供了法律保护。总之，中国投资零售行业的法律环境受到多方法律制度的影响，这些法律制度为投资零售行业提供了良好的法律保护，有助于投资零售行业的发展。

三、政府鼓励实体零售创新转型

实体零售业指的是传统的实体店铺或商店销售模式，即消费者到实际的商业场所购买商品或服务。这包括购物中心、百货商店、专卖店、超市等。这种销售模式是指消费者在实际的商业场所进行购物，与电子商务相对应。

实体零售业的意义在于提供了消费者与商品之间面对面的互动体验。消费者可以亲自观察、试穿、试用商品，获得更直接的购物体验。此外，实体零售业也为社区经济和就业创造了机会，同时也有助于建立社区内的社交和人际关系。另外，对于一些商品来说，消费者更倾向于在实体店中购买，如需要试穿的衣物、需要亲自体验的产品等。虽然电子商务的发展给实体零售业带来了挑战，但实体零售业仍然在消费者购物体验和社区经济中扮演着重要的角色。

当前实体零售存在一些不足，如粗放式发展、供给产品质量较差、货物流通效率不高等问题，未来实体零售行业的健康发展方向应当由单纯售卖商品向引导绿色、低碳新生活方式转变，由粗放式发展向注重商品质量转变，由各自为政分散经营的市场主体向融合协作，规模化、系统化生产推进。2016 年国务院办公厅发布了《国务院办公厅关于推动实体零售创新转型的意见》（以下简称《意见》），《意见》的出台有利于适应当前社会经济发展新形势，推动实体零售创新转型，高质量发展，从以量取胜到以质取胜。《意见》主要内容围绕“调整商业结构”“强化政策支持”等五部分展开。

《意见》的出台，正是为了解决实体零售业存在的困难与焦虑。首先，近年来电商平台的兴起对实体店造成了巨大的冲击。消费者可以足不出户，在电商平台上轻松浏览并购买各种商品，享受便捷快速的购物体验。相比之下，实体店的客流量逐渐减少，销售额也大幅下滑。这使得实体店经营者倍感压力，不得不思考如何应对这一挑战。其次，租金和人力成本的上涨也加剧了实体店的困境。在城市中心地带，高昂的租金让许多实体店难以为继。即使在一些较为偏远的地段，租金也在不断攀升，使得实体店的经营成本不断增加。同时，人力成本也在逐年上升，给实体店的经营带来了更大的压力。正是在这样的背景下，国务院终于发声，为实体店指明了前进的方向。国务院强调，实体店是我国经济的重要组成部分，必须高度重视其发展问题。为此，政府将出台一系列政策措施，支持实体店进行转型升级。

这项政策在调整商业架构、推动创新发展模式以及推动跨领域整合三个层面上，明确了 9 项关键的创新变革任务。改革当前的零售行业架构，始终秉承激发剩余资源并提高新的生产力、淘汰过时生产力并发展新的发展势头的原则，促进实体零售行业的科学规划，改变商品种类的布局，以适应公众的消费提高的需求。在创新发展方式方面，鼓励企业创新经营方式，优化服务为顾客带来更好的消费体验。在促进跨界融合方面，则是促进线上线下深度融合，促进多领域协同发展，通过此种融合协作构建零售行业新格局。

四、扶持“跨境零售”创造良好发展环境

跨境零售是国际贸易未来发展的一大趋势，是国家对外开放战略落地的重要支撑，有利于让世界知道中国商品、了解中国商品，拉动国货销售同时更是国家积极推进供给侧结构性改革、助推产业升级、品牌升级的重要抓手。促进国内制造业升级和品牌成长。截至 2023 年，我国跨境电商进

出口总额已经达到2.38万亿元，并且每年还呈现10%以上的增长趋势，未来我国商务部将会与相关部门协商出台更多惠及跨境零售行业的政策法规，助力跨境零售蓬勃发展。

从地方政府出台政策上也可看出国家对于扶持“跨境零售”的重视程度。以厦门市2024年最新出台的《厦门市2024年促进跨境贸易便利化专项行动工作方案》为例，该方案中明确指出要依托于厦门优越的区位优势，不断优化厦门地区口岸营商环境；在涉及企业鲜活农产品通关之时要建立高效的“绿色通道”，保障24小时不间断通关；还要求关口要提升查验货效率，推广装卸货新技术，提升效率等。湖南衡阳地区则是通过出台政策培育扶持地方龙头企业来助力“跨境零售”行业发展，在2020年衡阳市出台相关政策对于当年跨境电商进出口总额1亿美元以上的企业一次性奖励100万元，同时享受其余税费减免政策。

2024年，泉州市为鼓励支持跨境电商发展，也做出了若干举措，推出相关支持政策。《泉州市促进跨境电商高质量发展的若干措施》中明确指出，未来泉州市将加强培育跨境电子商务主体，积极引入优质企业，对符合条件的引入企业最高给予500万元的奖励。并且在文件中提出，要建立泉州市跨境电商产业园区，为入驻企业提供租金水电减免等服务，帮助实现跨境电商产业集聚。

综上所述，近年来从国家到地方的战略倾斜及政策扶持都为零售业未来发展创造了良好的发展环境，提供了众多政策制度方面的支持。在众多政策制度的支持下，跨境电商作为零售业的一种新业态将会以更加迅猛的势头发展。

第二节　零售行业政府公共服务因素

政府公共服务分为广义与狭义，广义的政府公共服务包含国家调控、市场监督管理等行政手段；而狭义的公共服务则与民众生活息息相关，包含衣食住行、公园娱乐设施建设等较为直观的项目。政府公共服务因素体现在零售行业上具体表现为：简化零售业实体门店注册流程、提供消费券促使居民进行零售消费、加快物流网络建设、合理规划消费场所的建设和空间布局等。

一、加强零售业物流能力

作为一种现代的信息化技术，物流在零售业发展中发挥着重要的作用，也是我国素有“物流大国”称号的重要支撑，因此，有效的政府管理对于促进物流企业的发展起着至关重要的作用。近年来我国政府大力加强对物流企业的支持，主要举措有：第一，建立了完善的物流基础设施。加大对现有公路、铁路等交通运输设施的改善和扩建，以及对物流信息化设备的投资，加速了商品流通和信息传递。第二，制定和完善相关的物流法规和政策。政府可以加强与相关产业协会的合作，依据市场变化及时调整，改进物流业的政策法规，以便物流从业人员在规范化的环境中开展工作。第三，规范物流市场秩序。政府部门应该建立健全物流市场监管机制，加强对物流市场的监督执法，并严厉打击不合法行为，保障市场的公平性和透明度。第四，拓展物流服务领域。政府可以引导和支持物流企业拓展服务形式和内容，推进物流与电子商务、金融、保险等领域的融合，为物流从业人员和消费者提供更加便捷和优质的服务。

政策服务方面。我国政府应重视发展物流行业，充分发挥物流行业在国民经济发展中的重要作用，完善法律制度，利用财政政策，支持物流企业的发展。特别是在目前市场经济条件下，政府应从财政、金融、税收等方面提供企业发展需要的支持措施，如税收减免、金融补贴等，以助力物流企业的发展及投资。

未来政府还应进一步加强对物流企业的监督管理。为保证我国物流行业发展正常，政府应完善相关法规，明确物流企业的各种行为规则和标准，以确保物流行业持续发展，同时加强物流企业的安全环境监管，建立健全安全管理体系，加强物流企业安全生产管理，确保交易双方的合法权益。

二、简化办事流程，提高服务效率

实体零售行业，需要办理各项证照，以往群众需要多次跑腿才能把事办全，无形中增加了零售行业入行门槛和经营支出。近年来，随着国家“放管服”改革进程推进，越来越多城市开始缩短办事流程；主动服务，让群众少跑腿，不跑腿。以大同市为例，大同市平城区借鉴“商超”模式，深入探索“互联网＋政务服务”模式，创新性地在平城区市民大厅开设24小时政务自助服务超市，提供“一站式”服务。政务超市内设有银行、快递、旅游、文化、电子商务等多个服务环节窗口，切实解决了群众的堵点问题，让群众和企业获得更便利、更智能、更高效的“不打烊”政务服务。截至目前，行政审批项目进厅169项，进厅率达93%；进驻便民服务项目32项，设立首席代表7人，覆盖了所有进驻部门，实现了窗口服务的快捷高效。积极优化行政审批流程。推行“网上办理、现场办结、快递送达”服务模式，实现让企业群众“最多跑一次”的愿望。网上办理率达到93%，办理效率大大提高。“联审联办”“并联审批”“预审制度”等审批方式，缩短了审批时间，提高了审批效率。该区营商环境连续三年在全省考核中名列第一方阵，极大地推动了当地零售业的发展壮大。

三、改善消费环境，提升消费者购物体验

消费环境的改善又可分为两大层面，一是从物质实在角度改善消费者的购物场景，如进行产业集聚，建设小商品城、美食城、美化市场环境等；二是在市场监督时做好服务，保障消费者的合法权益，让消费者敢于消费，放心消费。

以喀什义乌小商品城为例。2023年喀什义乌小商品城正式开工建设，该项目占地800多亩；总面积约200万平方米，由当地政府投资建设。小商品城分为多个功能区域，包括批发市场区、零售商业区、物流中心和展览中心等。其中零售专区为消费者提供了丰富多样的购物选择，包括食品、

衣帽等应有尽有，未来该区域将打造成为消费者购物休闲的理想场所。建成后，该项目不仅有利于推动当地经济发展，提高居民生活水平和购物体验，同时还能提供大量就业岗位。由此可见，政府投入资金加大公共服务项目的建设，不仅有利于零售业的发展，同时对于城市经济、民生就业等多方面都有正面作用。

在消费者权益保障方面，国家对于电子零售行业的消费者权益保障可谓典型。近年来，随着互联网的快速发展，网络购物已经成为人们购物的主要方式之一。但是，随着网络购物的普及和快速发展，也带来了一些消费者维权的问题。在这种情况下，国家推出“中国电子商务投诉与维护公共服务平台”让消费者在电子商务中享受到更好的服务。

中国电子商务投诉与维护公共服务是指国家为保障消费者权益，加强电子商务监管，维护市场秩序，推动电子商务健康发展而设立的公共服务平台。如果消费者在电子商务平台上遇到了问题，可以通过中国电子商务投诉与维护公共服务平台进行投诉。消费者可以登录平台官网，填写投诉内容并进行提交。平台会及时对投诉进行审核，并及时受理和处理。该平台由国家市场监管总局、国家互联网信息办公室、国家质检总局等多个部门共同组成，旨在为消费者提供投诉受理、纠纷调解和维权教育等服务，为消费者营造了更加安全、可靠的购物环境。

第三节　零售行业市场环境因素

零售行业市场环境因素包含影响产品生产和销售的一系列外部因素。这些因素与零售商的市场营销活动密切相关。首先，零售企业会依照这些要素来评估市场的需要，并且会妥善地规划和布局销售路径；其次，所有的零售企业并非独自存在于市场之上，它们必须和其他参与者互动和交易，以获取制造产品的基础资源，然后再将产品制造出来，并且要经由多个途径传送至消费者。不同的市场环境会影响零售企业做出不同的决策；市场环境也是零售商进行生产经营的客观条件，市场环境因素通常有以下四个层面。

一、人口因素

零售行业是为人服务的，第一大影响因素是人口因素。首先，人是构成市场的要素，可以发现哪个地区人口数量较多，哪个地区的消费需求就较为旺盛，有着更庞大的市场可供零售商挖掘。零售行业人口因素涉及地区人口总量、地理区位分布、年龄组成结构、人口受教育程度等诸多因素影响。例如，东部地区的人口受教育程度普遍较高，导致地区的一些文化零售产品销售额也较高；再以农产品销售为例，南方人大多喜欢吃米饭，而北方人更偏好于面食，因此可以发现，在南方超市大米的销售量会大于北方。其次，人口因素还会影响零售业市场竞争程度，人口越密集的地方，零售业利润越高，资本倾向这些地方汇聚，在高成交量带来高利润的同时也带来了较大的竞争压力。最后，地区的人口年龄结构也会为零售行业市场环境带来深远影响。当前我国正逐渐步入老年化社会，老年人群体的消费特征是注重实用性，消费较为理想，因此在老年人口多的地方零售企业应当注重商品定位的调整。

二、经济因素

零售行业市场环境因素中的经济因素指的是一个国家或地区的居民收入水平、未来预期收入等，通常地区经济因素通过就业率、人均 GDP、地区总体 GDP、货币购买力等形式展现出来。当社会总体经济形势良好时，民众会有着更高的消费需求，零售行业也随之蓬勃发展；而经济形势较差之时，民众倾向于将资金进行储蓄以抵抗不确定的未来风险，在此时零售行业市场份额也随之萎缩。这就要求政府出台相关政策降低银行储蓄利率或是发布消费券等方式鼓励居民消费；稳就业、保就业或是通过媒体正面宣传营造经济复苏迹象，使得民众敢于消费并且可以消费。

随着疫情的结束和我国经济的复苏发展，居民消费意愿也不断提升，使得我国社会消费品零售额稳步增长。同时，互联网技术的不断进步和普及，以及移动支付、人工智能、大数据等新技术的应用，使得零售企业可以更好地了解消费者需求，优化供应链管理，提高运营效率，为零售业的发展提供了强大的技术支持，新零售业态不断涌现，如无人便利店、智能超市、O2O 等，为零售企业提供了新的增长点，推动零售业向多元化、智能化方向发展。

三、技术因素

科学技术是推动生产力发展的第一要素，技术发展对企业有重大影响，重视技术的发展可能会挽救一个将死的企业；不重视技术的研发可能会造成一个商业帝国的崩塌。以农产品零售为例，我国农业的发展在很大程度上依赖于技术进步。先进的耕作技术，优良品种和高效化肥都是科技进步的结果。地膜覆盖技术与暖室大棚的推广应用使得农户们能在冬季种植一些喜温蔬果，为市场提供更丰富多样的供给。因此，在零售市场上，一些反季节蔬果反而比应季蔬果销量更好，保证了产品的全年供应，使淡季不淡也有利于零售商形成市场竞争优势。

再如，零售行业当前所热议的“新零售”模式，其本质也就是传统零售行业借助互联网信息技术、人脸识别、虚拟现实等新兴技术实现无人零售、无人送货的一种零售新模式，方便了群众，这是未来零售业的发展方向。该模式的成功与技术密不可分，未来的零售业谁拥有更先进的技术谁就能更快占有市场。

四、政治因素

政治因素指的是国家层面出台相关法律法规或是行政机构通过行政强制力调整市场秩序，维护经济环境稳定。其主要目的有以下两点：一是维护市场稳定，避免出现哄抬物价、恶意竞争等行为；二是保护消费者合法权益。

市场经济有其固有的盲目性，国家通过政策法规进行引导规范有利于零售业持续性健康发展。以烟草零售为例，在前几年许多烟草零售商会将香烟售卖给未成年人甚至是真假混卖，针对此情况，政府层面出台了相关法规，明确处罚范围，严格打击治理了此类行为，保障了消费者权益及国家财政税收。再如，市场监督管理局不定期开展的市场抽检活动也属于政治因素的组成部分，既保障了消费者合法权益，避免消费者上当受骗；同时也是对良好有序的市场经营环境的一种维护。

第四节 零售行业信用体系因素

信用体系也可称为国家信用管理体系或是国家信用体系。顾名思义，该体系与个人、企业诚信息息相关，它的不断完善标志着我国社会主义市场经济不断走向成熟。该体系的工作核心是以相关法律法规为基础，由国家建立统一共享的数据信息库，激励守信者；惩戒失信人员或是失信单位。该体系的建立有利于降低市场主体交易风险，弘扬社会守信正能量。

在信用体系建设不够完善之时，交易双方往往存在顾虑，影响了商品交易效率和社会财富的创造。因此，从我们个人到企业主体都要树立一种诚信意识，为自己的发展或是企业的发展奠定良好的信用基础。

消费者拥有高信用，可实现借贷消费、赊账消费，无形中加快了商品流通，扩大了市场规模；而零售商拥有较高信用，可以让消费者减少试错成本，更易达成交易。零售行业信用体系建设进程总体上与国家大进程一致，相关失信主体会被标注并可在国家建立的“信用中国”等信用网站上查询到失信记录。对于一些零售企业来说失信企业的标注会为他们日后的经营、融资贷款带来更大困难，倒逼了零售企业守信守约。除国家层面外，零售行业内部也自发建立了多种信用体系机制，以下将分析几大零售业信用体系建设案例。

一、卷烟零售业探索终端信用体系建设

卷烟销售是零售业的代表之一，近年来卷烟销售网点建设成效显著，

从浙江到福建再到广西，从诚信互助小组到零售现代终端，从大数据信息采集到客户、消费者画像，层出不穷的改革创新有目共睹，展现出零售业大变革时代下带来的蓬勃生命力。卷烟零售的众多改革过程中“零售客户信用体系建设”是重要组成部分，引人注目，该体系的建立与每位卷烟零售商息息相关。

2016年5月，国务院发布了《国务院关于建立完善守信联合激励和失信联合惩戒制度加快推进社会诚信建设的指导意见》，鼓励支持相关单位或地区在本部门、本领域先行试点，建立行之有效的信用约束措施，建立良好行业风尚。于是，在此基础上，各地烟草行业探索出一系列终端信用体系建设方式。

以安徽省合肥市为例，合肥市根据地区实际建立三大信用监督举措。一是开展信用承诺书签署工作，号召全市3.5万卷烟零售户签署《诚信经营承诺书》，并向社会公开，如有发现违反承诺书的行为，社会公众可随时拨打电话举报，查实后记入诚信档案，依法严惩；二是设定信用等级分数制，将信用积分纳入信用考核中；三是实现信息共享，对接“信用合肥”平台，将信用结果定期推送。

二、电子商务平台信用体系建设

当前，通过网络平台进行购物已经成为消费者日常生活的一部分，网购过程中双方的信用评价、等级成为重要的购物参考依据。消费者倾向那些具有高信用评级的“良心商家”，而商家也可主动挑选差评率、退货率低的优质客户，许多电商零售平台都探索出了属于自己的独特信用体系。

以阿里巴巴旗下的淘宝网为例，其在零售业信用体系建设方面有以下举措。第一，卖家公开展示信用等级。商家的淘宝信用等级是通过消费者的评价来进行评定的，卖家每得到一个“好评”，就能够积累1分，反之则扣1分，得分越高店铺的“皇冠”等标志等级也就越高。通过此方式，消费者可以快速找到那些高信用等级的卖方。此外，那些拥有高信用评价的商家，其商品将会被优先推送至“显眼”位置，从而带来更多流量和销量，此举间接鼓励了商家诚信经营，建立更高信用等级。第二，安全支付手段。通过淘宝购物的消费者，基本都需要用到“支付宝”进行支付，当买家选中商品付款后，买家先付的款项并不直接到卖家账上，而是先到支付宝平台中，只有卖家发货后且买家收到商品并且认可质量，才会确认收货并由支付宝正式打款到商家账户。如果出现其他问题，则买家可拒绝付款，然后商讨退货赔偿问题。安全放心的购物过程也是当前电商平台构建信用体系的一大方式。

三、国家政策层面

关于信用体系的建设，中国政府近年来大力构建完善的个人信用评价体系，对于失信人员给予严厉打击，包括限制高级消费、贷款限制、信用卡限制等，引领社会诚信风尚。

党的十八大以后，我国信用体系建设进程开始加快，2016 年，国务院出台《关于建立完善守信联合激励和失信联合惩戒制度加快推进社会诚信建设的指导意见》，该意见标志着我国信用体系建设取得了关键性成功，迈出了重要步伐。到 2022 年 3 月，国务院办公厅印发《关于推进社会信用体系建设高质量发展促进形成新发展格局的意见》，明确了社会信用体系建设的方向指引和路径安排，进一步健全完善了线上线下一体化监管体系，实现各平台数据共享互通，在中央政府的引领下，各级地方政府也开始探索地方信用体系建设方法。

以湖南省为例，2022 年 5 月，湖南省第十三届人民代表大会常务委员会通过了《湖南省社会信用条例》，这是湖南省第一部关于信用体系建设的地方性法规，也标志着我国地方信用体系建设进入了新时期。社会主义市场经济是信用经济、法治经济。完善的社会信用体系是深化“放管服”改革、优化营商环境的重要保障，是支撑国家治理体系和治理能力现代化的关键举措。出台这部地方性法规的意义在于，一是紧跟中央步伐，贯彻落实地方信用体系建设意见；二是通过完善地方信用体系建设，与高级数据库实现数据共享共通，弥补了以往一些数据漏洞；三是进一步发挥了社会激励作用，使得企业经营主体更能放心交易，加速了商品交换。

再如，浙江省宁波市象山县探索出了“信用 + 小店经济模式”，为个体零售工商户提供了全面准确的信用服务。该模式将全县 5.8 万多家零售商家数据录入专题信息库，并且根据划分出从 A + 到 D 五个信用等级，为守信高评价商家提供信用贷款、法律服务等服务。

未来不仅是湖南省、宁波象山县还会有更多省份或是地方政府出台有关本辖区的信用法律法规，为零售行业发展保驾护航。

第三章　零售行业商业格局变迁历程

零售业商业格局变迁、整体业态发展，可追溯于公元前 17 世纪，即我国商朝时期，但目前诸多专业经济学家一致明晰，零售业态的发展伊始，是 19 世纪中叶的西方国家。

对于世界零售业态的认知，学界普遍认为其经历了四次重要变革：其一，从传统“作坊”零售模式过渡到百货商店零售业态；其二，发展至“连锁商店”的零售模式；其三，开拓超级市场，即以大型购物中心为主体的零售业态；其四，与当下结合最为紧密的以网络商店为主体的零售业态变革。跨越历史长河来看新零售业态发展，虽划分相对清晰，但直至今日，包含百货业、连锁超市、购物中心、网络商城等各种形式的零售业态总体呈现交融态势，虽各自独立，却又相辅相成。

第一节　以大型百货业为主体的零售业态阶段

一、大型百货业态的内涵

（一）大型百货业态的概念界定

我国超市发展初期主要的业态经营面积不超过 1000 平方米，品类结构规模单一，以食品杂货干货和日常洗化用品、居家用品为主[①]。这被理解为大型百货，而大型百货又称为百货大楼，其特点是容纳各类商品，由于

① 程园，朱敏．我国零售业态变迁历史及发展趋势研究［J］．环渤海经济瞭望，2023（09）：35－38.

需要进行推销、服务、记账和管理等相关流程，因此百货业态下设若干部门服务于如上诸多环节。

从历史发展来看，由于工业革命的爆发，大型百货自然成为近代资本主义商品市场的产物，并最早在法国兴起。1852 年，阿里斯蒂德・布西科在巴黎开设世界第一家百货公司，他将其命名为博马尔谢，此名称在法文中意为廉价市场。由此可知，百货与廉价关系密切，百货的特征在于价格固定与薄利多销，自此，也就自然改变了传统的“作坊式”零售模式。着眼于我国，学界普遍认为中国百货业态发源于新中国成立前期，具体以 1917 年马应彪先生开业为开端，他也被誉为“中国百货商店的鼻祖”，但就规模及影响力来讲，则是郭氏兄弟开设的永安位居榜首。自此，不断发展，在上海的南京路一带聚集四大百货公司，即先施、永安、新新、大新，均是广东中山籍的澳大利亚华侨。一路走来，可以说百货的发展对我国的商业建设有着巨大意义，将中国工业萌芽和商业上墨守成规的状态进行了本质上的变革。

（二）大型百货业态的生命周期

生命周期的概念非常广泛，在政治、经济、技术等诸多专业领域均有涉猎，通俗理解为从出生到死亡的整个过程。狭义上就指其本意的生命科学术语；广义上来讲，则是将其延伸开来，泛指宇宙间各种客观事物的阶段性变化及其内在规律。鉴于此，各阶段零售业态的生命周期会受到市场环境、消费者行为和竞争力等因素的影响。因此，准确分析和预测生命周期各环节，对于企业制定战略和决策具有重要意义。

我们对作为零售业开端的大型百货业态生命周期进行分析，从以下几个阶段进行考虑。

1. 初创阶段

在初创阶段，大型百货商店是市场的新生业态，需要进行品牌知名度的建立，以此来吸引顾客。具体可进行营销方式创新、广告活动展开等方式来刺激消费，并且在此阶段，百货商店也会面临竞争对手的挑战，因此在产品、品质等环节都需要进行综合考量。

2. 成长阶段

随着时间的推进，百货商店经过初创阶段后，会逐渐趋于稳定，无论是顾客还是品牌经营上，都有相对固定的呈现。因此，在成长阶段，百货商店为主体的零售业态可以通过扩大店铺规模、增加商品种类、创新销售渠道等方式，进一步拓宽市场份额，拉长成长时期，尽可能持续稳步创收。

3. 成熟阶段

在此阶段，百货商店面临市场份额的饱和状态，也就表明消费者的增长趋势逐渐放缓，进入瓶颈期，并且市场竞争持续加剧，造成自身与外部环境的双重压力。鉴于此，企业需要将眼光进一步拓宽，增设新产品线、拓宽新的市场、开发新的营销机制等方式，均是能够将百货商店进一步维稳并有机会突破瓶颈的方式，持续留住顾客，以免走向没落。

4. 消退阶段

消退阶段是任何企业都会面临的，此阶段的大型百货商店各方面缺乏创新，顾客产生厌倦，销售额及利润率逐渐下滑，面临关闭店面的风险，因此，在此阶段，百货商店可通过大规模重组、转型、翻新等措施来应对消退阶段，重新寻找与自身契合的商业机会。

二、以大型百货业为主体零售业态现状

（一）增长向好，仍是质量消费主渠道

2022 年 3 月，国家发改委发布《关于规范高效做好基础设施领域不动产投资基金项目申报推荐工作的通知》文件，与证监会同日发布的文件均提出，研究支持增强消费能力、改善消费条件、创新消费场景的消费基础设施，发行消费基础设施不动产投资信托基金（Real Estate Investment Trusts，REITs），并且强调优先支持百货商场、购物中心、农贸市场等项目。有鉴于此，大力改善基础消费设施、规模，致力于改善以百货业为主体的零售业态在最新营商环境中的运营水平，促进传统零售业态的转型升级。

自2021年至今，百货零售业态持续向好发展。疫情过后，境外消费回流，大量中国消费者受到境外游限制，将眼光着眼于国内市场。对于奢侈品的购买场景很大一部分转移至高端百货商场进行，包括化妆品、珠宝等偏品质的购买情况向好，企业资源整合优势不断凸显。数据中净利润的恢复逐渐转良，大部分企业的营收增长均较好，让我们不断看到百货商店持续向好发展的未来趋势。

经济的持续增长、年轻一代的个性化需求、恩格尔系数中食品支出随着收入提高而占比下降的趋势、国潮国货的兴起等，是百货商场进一步扩大发展的机遇，但同时面对其他零售业态的市场抢占，仍需做进一步的细致规划。

（二）差异显著，高端百货发展优异

百货零售业发展从2021年起，逐渐表现出两极分化态势。头部几大高端百货经营业绩持续大幅增长，数据显示，北京SKP 2021年销售额240亿元，同比增长35%；南京德基广场超过200亿元，同比增长28%；北京国贸商城200亿元，同比增长25%；杭州大厦超过100亿元，同比增长25%。另外，这些头部百货商店在疫情时期，更是抓住受众难以进行海外购物的契机，并且利用自身高端商场的品牌效应，促使销售业绩持续提升，形成持续正向反馈，再次强化市场竞争力。相比之下，存在部分经营团队老化、商品同质化、经营无特点的门店，出现经营困难，难以为继，需要做出或改造，或关闭止损、转业的决策，进而导致两极分化程度更加严重。

（三）线上分流，直播福利影响明显

时至今日，直播带货成为营销的一大主流，其较强的带货能力严重影响了线下零售业态的发展。以2021年10月20日淘宝“双十一”的预售直播数据为例，李佳琦直播预售销售额106.53亿元，薇娅直播预售82.52亿元，两场直播的销售额达189亿元，差不多是一家大型百货零售企业一年的营业收入水平。另外，可以看出，直播中选卖的产品与百货零售行业所销售的商品高度重叠，这在价格、便捷程度等方面都严重造成了百货商店

的营收压力。直播带货飞速发展，但是存在营销宣传、税务、价格体系等方面大量不规范的问题，客观上对线下零售造成了不公平竞争。

三、以大型百货业为主体零售业态未来发展

百货商店的营商环境愈加激烈，采取定制的营销策略是适宜当下此业态发展的一剂良药。以下从促销活动、产品设计、店面管理等方面，对于以百货商店为主体的业态进行具体的发展对策分析，综合助力百货商店进入更优质的经营态势。

（一）巧用促销活动机制

促销活动对于以百货商店为主体的零售业态来讲，是最为常见的营销策略，也是具有显著优势的营销策略。因此，设计多元促销机制，不断更新迭代活动方式，对于此业态提升顾客购买欲、提升顾客忠诚度是至关重要的。具体可通过将预售、打折、赠品等传统机制与当下流行的营销机制进行综合的活动设计，如将场景营销与赠品设置进行联动捆绑，又或是将预售机制与互联网内容推流进行捆绑，拉满顾客好奇心理，促进未来产品消费及最终完单情况。总而言之，建立多元创新的营销活动机制进行以百货商店为主体的业态发展，是能够做到持续稳步转型并持续向好发展的重点优势策略之一。

（二）设计优质产品及服务

目前消费持续提质升级，消费者的需求不再仅仅停留在使用价值，而是逐渐着眼于产品的外观审美、售后服务、定制化、专属化等方面。有鉴于此，百货业态作为相对传统的零售行业进行产品设计服务的转型升级、提质升级是必不可少的。具体可通过改善产品包装、实行定制化服务、融入体验感强的产品细节等方式，对于品牌的产品、服务以及风格进行综合提质，向高端化、高品质迈进。在此基础上，品牌还需要精准定位目标客户，进行品牌精致化打造，形成品牌效应，使自身的记忆点和品牌信任度

逐步提升，抓住稳定的老客户，吸引追求新鲜感的年轻人，满足多方位受众需求。

（三）联动新型科技营销

互联网持续发展，新零售也在更加完善，作为传统的零售业态想要持续发展下去，就势必依托新型科技进行转型发展。通过更高效的线上平台、更趣味的场景营销，进行引流推流。具体可以通过将百货大楼外观进行“科技+艺术”的视觉改造，利用裸眼3D、多媒体等新技术，为受众营造场景体验、沉浸式购物环境，使互动性大幅提升，这将在一定程度上重新让传统百货零售业回暖并持续升温。

第二节　以连锁超市为主体的零售业态阶段

一、连锁超市业态的内涵

（一）连锁超市业态的概念界定

连锁超市是以连锁的形式，集合多家超市，采用顾客自助服务，一次性购清吃喝日用类商品的营销模式。连锁超市大多采取中低档层次经营，并且对其进行统一的进货、配货等相关管理，致力于将经营同类产品、进行统一售后服务的若干超市形成合并统一体。在此基础上，企业作为外在表现形式，需要进行自我形象标准化经营，管理层面专业化打造，相关人事规范化处理，对于诸多连锁超市的内部管理一并进行统一化手段治理，从而达到规模化呈现。连锁超市把超市和连锁经营巧妙结合，发挥双重优势，竞争力相比从前单一的商店来讲，已是质的飞跃。

在以百货商店为核心的大型百货业出现不久，美国人首先发明了一种可以快速复制零售店铺的经营模式，即“连锁商店”模式，将其命名为超级市场。1930年，美国人迈克尔·卡伦开办了世界上第一家超市——金·

库伦。着眼于我国，连锁超市零售业态要追溯至20世纪80年代，从传统的食杂店逐步发展起来，历时二十年不断走向蓬勃，21世纪后，中国连锁超市实施大规模跨区域发展，通过直接投资或加盟重组等方式进行体量的扩大，各发达城市的相关超市零售产品，在国内也有所涉及，连锁超市业态的市场呈现活跃、开放的态势。其发展至今，排名靠前的企业仍经营稳定，龙头态势良好，但后端相关企业仍受到当下诸多业态类型转型的冲击，竞争压力较大，想要持续稳步发展，仍需找寻合理对策，转变营商思路。

（二）连锁超市业态的生命周期

1. 初创阶段

在这个阶段，连锁超市业态可能是市场上的新生业态。它们会通过开设分店、实施价格优势、提供便利的购物体验来吸引顾客。初创阶段的连锁超市通常需要建立品牌知名度，与供应商建立合作关系，并逐渐拓展顾客基础。

2. 成长阶段

随着时间的推移，连锁超市的分店数量可能会不断增加，店铺规模扩大，供应链效率提升，采购和销售能力增强。此阶段的连锁超市通常在市场中具有竞争优势，能够持续吸引更多的顾客和加入新的区域市场，它们还可能通过引入新的产品品类、优化店面布局等创新措施来不断提升顾客体验。

3. 成熟阶段

在这个阶段，连锁超市的分店数量达到一定规模，市场份额稳定。连锁超市会进一步优化运营管理和供应链效率，以提高盈利能力。此阶段的连锁超市通常在市场上的品牌形象和市场份额相对稳定，同时也需要面对市场竞争的加剧和顾客需求的不断演变。

4. 衰退阶段

如果连锁超市无法应对市场竞争、变化的消费者需求或者经营不善，其生命周期可能会进入衰退阶段。在这个阶段，连锁超市可能会面临销售额下降、盈利能力下滑、分店关闭等问题。在衰退阶段，连锁超市需要采取措施来重塑竞争优势，包括进行战略调整、提升运营效率、引入新的商业模式等。

连锁超市业态的生命周期也受到市场环境、消费者行为、竞争力等因素的影响。因此，准确分析和预测生命周期阶段对于连锁超市制定战略和决策具有重要意义。同时，不断创新和适应市场变化也是保持竞争力和延长生命周期的关键。

二、以连锁超市为主体的零售业态现状

（一）增长态势逐渐放缓

2021 年起，国内百强超市的门店在数量上有所减少，我国以连锁超市为主体的零售业态营收额呈现放缓趋势。国家统计局数据显示，2021 年限额以上零售业单位中的超市零售额比上年增长 6.0%；2022 年限额以上零售业单位中的超市零售额比上年增长 3.0%；2023 年第一季度超市零售额同比增速为 1.4%，增速进一步放缓。

伴随着新型零售方式的不断出现，让传统的连锁超市业态备受冲击，顾客能够选择的消费渠道越来越多，能够得到满足的方式越来越丰富。顾客能够通过新型消费渠道更加轻易满足需求，也就进而放弃相对老旧传统的超市消费这一渠道。另外，同行业连锁超市竞争激烈也是增速放缓的一大重要原因，随着传统大型卖场和互联网企业的加入，国内零售行业的竞争已经进入白热化。

（二）市场结构小型倾斜

中国连锁超市行业结构以大中型连锁超市为主，占比为 98%，其中大型连锁超市占比最大，约占 60%，中型连锁超市约占 30%，小型连锁超市约占 10%。由于疫情的影响，中国连锁超市行业结构出现变化。2020 年小型连锁超市的占比迅速增加，较 2019 年增加 6 个百分点，达到 16%；而大

型连锁超市没有明显变化，中型连锁超市占比略有下降，仍然处于占比最大的情况。由此可见，精品超市将会是未来连锁超市发展的重要发力点。

（三）仓店合一愈发明显

2022年第三季度，中国快速消费品市场销售额同比增长6.1%，并且数据显示，消费者单次购买量持续增高，但消费次数频率下降，也就说明，居民越来越乐于囤货。而超市零售业态与囤货行为最为契合的，则是"仓店合一"，是一种以实现零售店铺和仓储存储一体化管理为目标的全新商业模式。通过将零售店铺和仓储物流中心进行融合，实现库存管理整合，降低运营成本，提升工作效率。

2023年上半年，多家超市企业公布在上述领域的成效，超市品牌依靠仓店合一模式打通全渠道运营的趋势也愈发明显。盒马、永辉、七鲜等超市纷纷发展仓店合一，其中最为典型的是永辉超市，截至2023年6月底，永辉在福州、北京、成都、重庆、合肥五个核心城市规划的近160个线上全仓已基本改建完成，实现主城区域全部覆盖。西安、郑州、贵阳、广州、深圳、杭州、上海七个重点城市"仓店合一"模式正稳步推进。上年9月，永辉宣布实现仓店合一模式在福州实现盈利，成为国内首个公开宣布实现仓店合一盈利的超市品牌。

另外，虽然有观点认为，仓店一体化运营需要长时间摸索与调整，在实践过程中对人员成本、场地、实体门店不断优化，实现盈利的周期较长。但各个超市品牌对仓店合一的理解、运营模式并不相同，因此盈利周期和情况并不能以偏概全。并且就目前零售行业多元发展态势而言，持续发展仓店合一必然是不二之选。

三、以连锁超市为主体零售业态未来发展

（一）持续精品开发

进一步深耕精品超市。企业继续在众多连锁超市中开设中高端精品超

市门店，扩大精品体量，深入挖掘更多高端商超产品，而这也是目前消费逐步分化的必然结果。“精”绝不仅仅代表贵，而是精准定位“高净值人群”，做出自身品牌特色，在产品、场景等各方面给予受众内心的舒适，使其满足内心精致追求，在其中找寻尊贵，感受尊贵。Ole′作为行业典型，目前已是精品连锁超市的行业标杆，Ole′所表现的精品超市不仅仅是个贵价高端商品集合店，而是为受众提供高品质和独特商品的生活方式体验，其在各城市超市门店风格、物品的摆放等诸多集合审美视觉、质量的内容上都下了功夫，其理念更偏向打造生活美学空间，满足高品质受众内心对于精致的追求。

（二）新技术新应用

对于新技术的运用，是当下连锁超市企业转型的一大重要着力点。新技术的发展和应用逐渐改变着超市零售业务开展的方式，如智能服务、无接触式支付、智能导购等，这些技术有助于增强消费者的购物体验，并获取消费信息数据。通过运用数字化、新技术，不断实现连锁超市与消费者之间在搜索、选择、购买、交付、运送等阶段的交互。

（三）线上线下融合

为了应对市场的变化和消费者的需求，超市企业需要不断探索线上线下融合以及其他更多的创新经营模式。具体可以通过线上线下联动举办促销活动的方式进行市场运营，将商品优惠券以更趣味的形式进行发放，以期扩大受众影响范围，抓住电商平台便捷支付、物流快速的良机，全方位提升消费者购物体验与场景感受，进而使连锁超市在商品售卖上更高效、更趣味。

（四）培育优质员工

连锁超市企业在规范化管理体系方面较为务实，以统一制度去培养员工，但随着年轻员工群体的不断壮大，传统的统一制度难免使员工工作积极性降低，进而影响工作效率，最终导致连锁超市企业发展缓慢。因此，需要加强对于员工的激励，建立多元激励机制，以及投入绩效考核及实施更具体、实际的晋升机制。

总而言之，超级市场具有营业面积大、商品陈列直观、减少营业人员、降低流通成本、节约购买时间、刺激消费欲望、避免人际摩擦等特点，因而对消费者有着较为稳定的吸引力。

第三节　以购物中心为主体的零售业态阶段

一、以购物中心为主体零售业态的内涵

（一）概念界定

购物中心，又称商业综合体，将多个零售店铺、多种类型产品、多项服务设施集中于一个区域或建筑物内，涵盖大型超市、服装门店、餐饮门店、娱乐休闲场所等，致力于为消费者提供相对综合性的服务，国际购物中心协会将购物中心细分为“摩尔”。我国购物中心零售业起步于20世纪80年代，由传统百货业升级而来，到了90年代中期，随着上海港汇商城、北京国贸中心等陆续建设并开业，才开始拥有一批业态复合程度较大，并且经营较为成功的真正的购物中心。2000年至今，随着城镇化进程的不断加快，以及居民人均可支配收入的不断增长，我国大型购物中心呈现蓬勃发展态势，规模上也在不断提升。

购物中心相比于以往传统的百货商店的零售业态，更向需求侧倾斜，空间布局、消费体验、功能发挥等方面均从顾客出发，从顾客的消费需求、消费能力、消费习惯、消费偏好等诸多方面进行业态打造，以消费者为中心的理念不断深化。其具体表现在更好地处理品质、生活、家庭、体验、服务等更高质的消费趋势，转型传统业态理念。

（二）生命周期

购物中心的生命周期分析是评估一个购物中心从建设、运营到最终关

闭的整个过程，以确定其对环境、经济和社会的影响。购物中心的生命周期分析有助于识别和减少对环境和社会的负面影响，推动可持续发展和绿色建筑的实施。以下是一个常见的购物中心生命周期的分析框架。

1. 初创阶段

初创阶段是一个购物中心建设的首要阶段，包含对于土地区域的选择准备工作，即评估该区域周边营商环境及其交通、水电资源等综合内容。然后，包含建筑设计及施工，对于已选择的土地区域进行噪音、空气污染、废物管理等方面的评估及施工建设，优化土地基础条件。对于土地区域建设成型后，则需要进行下一关键步骤，即供应链管理。采购商业综合购物中心所需要的材料，评估和管理运输环境。

对于基础进行建设后，则需要对于运营进行规划。首先是购物中心的能源、水电资源方面的管理，评估优化其利用情况，提升日后运营的效率，并减少浪费情况。其次，对于废物管理系统也需要进行评估和管理方法规范，在垃圾分类、废料回收处理等方面，均须进行系统考量。另外，针对运输管理交通系统也需要进行规范和评估，为日后购物中心在此方面提供便利的同时，减少对交通网络的负面影响。

总而言之，购物中心的运营，除了前述的诸多基础规范，更应对于各店铺、各品牌进行规范化的管理、系统性的管理，才能将庞大的商业综合体发展得愈加强大。

2. 成长阶段

对于购物中心而言，成长阶段最重要的一点则是逐步确立自身风格定位，找准自身行业发展方向及趋势。成长阶段也称为蜜月阶段，通常是开业第三年到第九年的黄金时间，该时间段人流逐渐趋于稳定，知名度也随着时间的推移不断增加，越来越旺的人气则是能够将购物中心越盘越活的关键。这就需要购物中心的领导层对于品牌选择、产品经营、服务等方面更进一步的细化，个性的树立，对于商圈视觉风格的契合程度也需要更加独到的分析和布局，以此把握住人流，提升收益，塑造购物中心的独特风格形象。

3. 成熟阶段

购物中心零售业能够发展至成熟阶段，多是十年间发展较平稳，已经形成了自身的气质风格。在这一阶段，更需要对于受众需求进行更细致、个性化把握，适当调整自身的风格，给受众新颖感，才能将此阶段拉长，避免走向衰退时期。在筛选入驻店铺、分析对手策略等诸多方面，均须进行由大到小、由全面到细节的全方位考量。真正做到创新性、差异化，体现自身专业及价值，不断吸引受众，发展更繁荣。

4. 滞涨阶段

这一阶段，购物中心市场竞争加剧，客户新增程度明显放缓，如若不及时采取措施转型，将面临关店破产。其举措具体可以在招商方面，应进行重构组合，重新明确客户定位，创造新的消费者价值。推广方面，设置更加多元的营销手段，包装方式上也需要进行更有创意的构思。运营方面需要探索新的运营模式，重构大的“人货场”关系，找到新场景下的新价值。

二、以购物中心为主体零售业态现状

（一）潜力仍旧存在

近年来，购物中心在我国发展迅速，中国城市商业联合会发布数据显示，截至2020年，全国购物中心总数已超过6万家，占据零售市场总额的近20%。可见，以购物中心为主体的零售业态，在当下网购发展迅猛的态势下，仍旧是支撑国内零售业的重要力量。

（二）存量时代来临

购物中心已然进入存量时代，品牌扩张较为乏力，找寻转型措施是当务之急。当下购物中心整体数量巨大，占地面积广，人均面积高，但与客流量并不匹配，客流密集较低。其存在市场疲软的状态，普遍有陷入竞争、经营较困难的现象。并且，在招商方面也面临诸多困境，闲置店面众多，空置率不断提高。

如图 3－1 所示，2022 年全国拥有建筑面积超过 3 万平方米的购物中心，共 5851 座，建筑面积高达 4.92 亿平方米，存量大。并且调查发现，2022 年多个城市的重点商场开关比例小于 1，品牌门店上关闭的店铺数量高过新开店铺，品牌对于线下开设门店的意愿程度降低，更是给了购物中心压力，让其存量现象愈加严重。

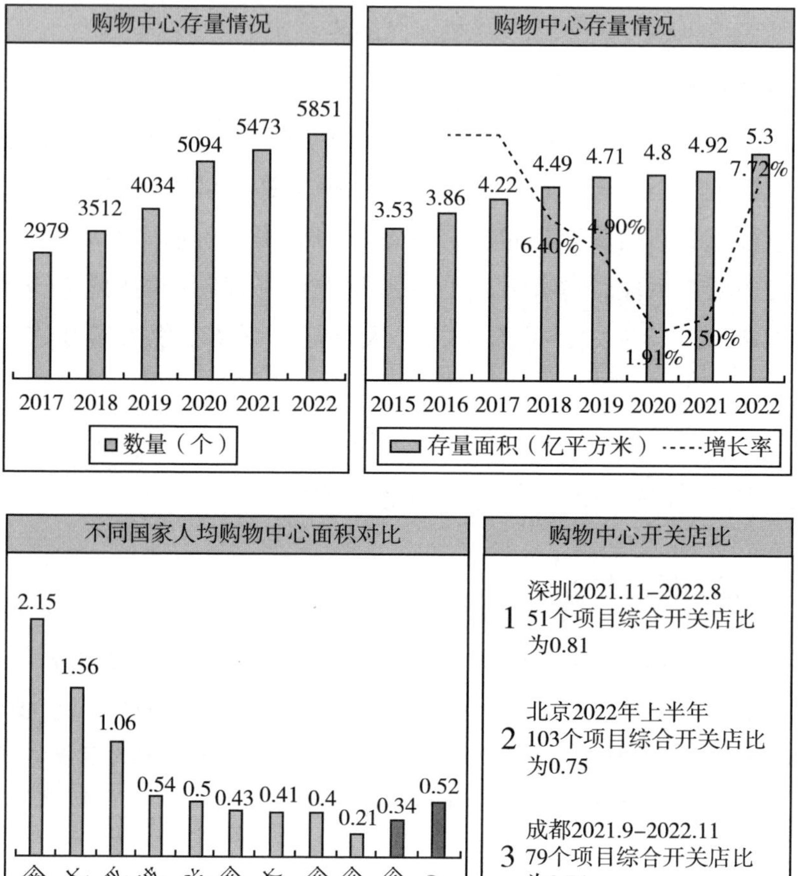

图 3－1　购物中心运营数据

资料来源：《2023 年购物中心运营数字化白皮书》。

三、以购物中心为主体零售业态未来发展

购物中心作为主体零售业态，在未来将继续扮演重要角色。随着消费者对购物体验和便利性的需求不断增加，购物中心将不断进行创新和改进，以提供更优质的服务和更丰富的选择，其中最为重要的则是依托如今数字化系统，将购物中心的运营发展数字化、数据化，能够更清晰地分析企业现状，从而更有创新转型的方向和未来。

（一）数字化客流感知

购物中心利用智能视频监控技术进行数字化客流感知，实时监测并统计分析客流量，生成动态热力图，了解顾客购物行为和偏好。这种技术不仅能提高购物中心运营效率，还能为商家提供大数据服务。通过优化运营效率提高顾客体验，满足消费者需求，实现可持续经营。对线下实体商业空间的客流进行统计，并生成多维度数据报表，这是数字化客流感知的核心功能。它不仅能完成客流数据的收集，还能采集到访消费者的时间、位置、属性等多个维度的数据。这些数据经过深度学习方法的处理，可以生成精准的客群画像，为商业综合体（商场、购物中心等）的运营提供有力支持，为商业决策提供准确的数据依据，同时为商业营销活动的效果回收提供数据变化依据。

数字化客流感知的实现方式有两种：传统方案和智能方案。传统方案利用红外线、Wi－Fi、头肩算法等技术统计客流人数，虽然能够完成人数统计，但数据维度单一，无法去除重复人数，因此数据准确度相对较低。智能方案则采用智能硬件设备和深度学习算法，不仅可以进行客流数据去重，还可以采集多种维度的数据，如到访时间、停留时长、出入口、动线轨迹、性别、年龄等。这些数据的获取能够更好地理解消费者在商业空间中的行为模式，从而为商业决策提供更加准确的数据支持。

数字化客流感知在商业实践中具有多种优势。首先，它可以帮助商家更好地了解目标消费者的行为习惯和需求，从而制定更加精准的营销策略，

辅助商业运营；其次，数字化客流感知可以提供数据支撑，帮助商家做出更加科学、合理的决策；最后，它还可以为商业营销活动提供效果回收的数据变化依据，帮助商家评估营销策略的有效性，及时调整策略，从而提升营销效果。

（二）精细化流量运营

购物中心的主要运营目标是吸引顾客、促进消费并提升招商能力。在当今的存量时代，购物中心需要通过精细化运营来打破困境并获得新生。精细化运营指的是收集、分析和利用购物中心的各项数据资产，以便更好地了解品牌特征和消费者偏好。在此基础上，购物中心可以更有针对性地开展运营活动，提高自身的竞争力。

流量运营是精细化运营的关键，全链路数据是其重要工具。优质客流量是消费的基石，因此，客流管理是精细化运营的核心。购物中心应基于全链路客流数据了解客流情况和需求，优化品牌组合，提供更具吸引力的营销活动，增加客流量，精准分配客流，提高消费转化率，深度挖掘客流价值，以提升业绩。

（三）场内化流量监测

为了有效地吸引顾客，购物中心的工作人员需要对场内的人流量进行监测和分析，以便提供决策依据来优化运营策略。其重点在于收集客流、营销、会员和商户的数据，并逐步完善财务、物业、租赁和运营数据的收集，从而构建以客流为核心的数据体系。在收集数据的过程中，应根据业务特点评估数据的价值，以避免盲目采集。此外，数据收集必须符合法规要求，我国已经颁布了个人信息保护和数据安全相关的法律，包括《中华人民共和国个人信息保护法》和《中华人民共和国数据安全法》。

1. 导视系统

购物商场通过建立导视系统，综合运用屏幕，充分展示商场和商户活动信息，实现顾客引流，增加商户曝光度，带来更多客流。导视系统展示店铺、品牌优惠和餐饮信息，还承担场内流量监测工作。通过顾客与屏幕和语音设备交互，商场提供服务并记录消费者行为，了解商户和营销活动偏好。通过优惠券、会员积分和停车信息，商场能了解顾客或会员到访频率和规律。

2. AR、元宇宙应用丰富活动形式

购物中心利用多样化手段，如 AR 和元宇宙等，组织线上及现场活动，以吸引顾客参与商场或店铺的市场活动，实现流量增长和引流。此举可有效增加商户曝光度，实现流量扶持。目前，购物中心常采取如室内外 AR 导航、AR 虚拟互动和 AR 红包雨营销等措施，优化消费者体验并丰富营销手段。

第四节　以网络商店为主体的零售业态阶段

一、网络商店业态的内涵

（一）网络商店概念界定

网络商店，也被称为虚拟商店，网络商城，电子空间商店，是网络零售商业的组织形式，简单来讲，就是建立在互联网上的商店。各企业依托互联网，运用人工智能、大数据等高新技术手段，对产品进行开发、生产、流通、营销，不断完善以网络商店为主体的业态结构，打造良性网络商城生态圈，并针对个人或是家庭的产品需求进行信息传递、提供服务、销售产品。顾客通过宅家便可轻松实现购物，经商人员也可通过此贩卖产品的方式，缩减店面租赁的相关成本，只须建立网络浏览店铺界面的虚拟商店，即一种电子商务模式。网络商店的零售形式主要有两种：其一是二级域名网店，其二是独立域名网店。新零售依托互联网、智能化等高新技术进行数字化革命，深度融合线上平台、线下门店以及物流体系，做到与传统零售业态协同创新发展。

无人商店是一种技术革命，它满足了消费者对时间和空间的需求。这种商店可以 24 小时营业，从而满足消费者在不同时间段内的购物需求，并在购物方式上为消费者节省大量时间，提高了购物效率。自 1997 年以来，中国网民人数快速增长，据统计已经成为全世界网民人数最多的国家，拥有超过4亿人口。因此，网络商店的营商环境在中国是当前最流行和最契合的零售业态，即狭义上的“新”零售。然而，从顾客、供应链到营销渠道和营销方式都在不断变化，促使消费不断升级，推动业态不断更新换代。而人口层次的升级是推动业态更迭的核心力量之一。

（二）网络商店业态的生命周期

网络商店所代表的电商平台已然成为现如今商业领域中不可或缺的重要部分，对其生命周期的把握对于网络商店的发展而言至关重要。互联网新技术逐步发展，不断变化，因此电商平台的生命周期也随之演变，洞悉周期各环节，有利于网络商店的群体进一步扩大，发展更好。

1. 初创期

在初创期，网络商店面临诸多风险和挑战，商业模式存在较大的不确定性，需要进行大量的尝试和实践以寻找适合自身平台的定位。在此阶段，企业主要依靠创始资本推动发展，面临较大的收入和利润压力，但需要建立信心并采取“稳中求进”的策略，以进入平稳发展的阶段。

2. 发展期

网络商店的发展时期是其迅速成长阶段，企业在此阶段已有明确的目标方向，有较为清晰的目标受众定位，自身平台的风格已经较为清晰，并且在收入和利润方面会得到正向反馈，会有较大幅度增长。并且在这一阶段，网络商店需要进行更进一步的管理体系建立，运营方式规范，进入更系统、正规的发展路径。一方面，为进入成熟期奠基；另一方面，规范管理也是能够在网络这一复杂大环境中走得更远的最终根本。

3. 成熟期

成熟期的网络商店已经有较为稳固的市场地位，并且持续盈利。这一阶段的网络商店更加不能松懈，需要加强自身实力，不断创新，开发新产品，利用新活动，营造新颖视觉场景，为受众提供多元购物体验，拉动顾客持续给予选择和关注，加深信任，以此延伸网络商店成熟时期，持续占领一席之地，避免走向衰退。

4. 衰退期

衰退期，网络商店将面临破产的危机，市场份额不断流失，企业呈现亏损状态，这一阶段的网络商店应快速进行转型，重新调整自身战略方向，找寻新的商业模式，利用热点、爆款重新引流，恢复市场竞争力和市场地位，以免最终被市场淘汰。

二、以网络商店为主体业态现状

国家统计局数据显示，随着市场物流进一步畅通，居民网上购物消费持续增长。2023 年第一季度，中国网上零售额达到 3. 29 万亿元，同比增长 8. 6%。2023 年 1 ~4 月，全国实物商品网上零售额同比增长 10. 4%，增速比 1 ~3 月加快 3. 1 个百分点；占社会消费品零售总额的比重为 24. 8%，占比较 1 ~3 月提升 0. 6 个百分点。通过综上数据可以看出，中国网络购物市场规模持续扩大，对消费市场的拉动作用不断增强。

（一）行业竞争显著加剧

各大网络商店为了吸引客户，不断增加投入，导致行业竞争加剧，运营成本上升。尽管淘宝、京东、拼多多等老牌网络商店仍占据主导地位，但苏宁易购、唯品会等电商平台也在积极抢占市场，考拉海购、抖音电商、小红书等信息平台也在扩展商业领域，使行业竞争显著加剧。

除此之外，跨境电商作为网络商店零售业一大重要组成部分，其竞争更是愈加激烈。如亚马逊电商卖家在美国就面临着巨大挑战，其盈利有所下降。依据雨果的跨境调查，800 多名中国亚马逊卖家中，55% 的人表示，2022 年的利润较之前均有所下降，情况并不乐观。并且诸多卖家表示，跨境出口电商产品的同质化程度较高，并且支付风险愈加提升。在此基础上，其他海外电商平台逐年增多并进行转型，竞争压力巨大。

（二）系统秩序不够严谨

网络商店零售业态的市场主体和供应模式目前正处于多样化发展，网购市场的竞争格局随之不断产生着变化。直播电子商务、社交电子商务和跨境电子商务等新的电子商务模式迅速涌现并发展，与此同时，则带来重大问题，即存在许多质量、监管和信任问题，在此基础上，直接导致消费者的购物选择迟缓，网络商店的收益会受到最为直接的影响。

（三）新兴市场潜力较大

调查显示，2023～2027 年，巴西的零售电商销售额增速将在全球 20 个国家中排名第一，年复合增长率为 14.6%。阿根廷和土耳其也排在全球增长最快的电商市场之列，复合年增长率均超过 14%。同期，全球零售电商的复合年增长率估计为 11.3%。可见，网络商店的蓝海市场潜力巨大，潜在客户的数量也在逐步增加，并且速度较快。

三、以网络商店为主体的业态未来发展

（一）培育用户

当前网络商店的消费者需求和偏好已发生改变，消费者不再仅仅关注价格，而是在视觉外观、产品理念、环保安全等方面提出更高要求，追求个性化产品，并重视商家信誉和网络售后服务等诸多方面。为了抓住消费者，获得收益，网络商店必须注重产品的创新和质量，以吸引和培育更加优质的客户。

另外，提升网络商店的核心要素之一就是客户忠诚度，不断促成其下单完单，从冲动到认知，最终通过情感促成行为，通过一系列的忠诚用户培育流程，为客户建立购物信心，提升购物舒适度及体验感，从而促进网络商店收益更优。

（二）规范管理

随着网络商店体量的不断壮大，行业竞争急剧增加，信用炒作的现象频出，导致市场秩序较为混乱，中小型企业推广难度较大，使得众多企业

在网络零售业态下的生存举步维艰。造成这一局面的根本所在，还是政府及社会的网络监管力度不足，因此这方面须进一步加大，对网络商店平台的监管体系完善，能够在很大程度上改善这一局面，并且众多网络商店自身也需要加大店内运营系统的规范管理，对于售后等问题做进一步的优化。多方合力，才能最终促使消费者建立网络商店购物信心，提升消费。

（三）技术创新

网络商店零售业态由于其自身属性，原本就是建立在互联网上的商业。因此，优化信息技术与应用是一大重要发展内容。对于人工智能、大数据、云计算、物联网等板块均须进行深入研究，为网络商店的售卖、私域维护等方面提供更优质的帮助，为消费者提供更加智能、便利的购物体验，营造更多元、立体的消费场景，满足受众需求，进而拉动收益。

（四）模式转型

网络商店的未来发展，积极联动线下进行售卖是更具优势的。一项调查发现，在多渠道零售情境下，许多消费者会先在零售商的实体商店中观察和体验产品，之后却在它的网络商店中进行购买。[①] 可见，如果网络商店能够反向在线下进行快闪店、联名等方式的创新，就能够在很大程度上聚拢消费者，并推动消费者达成完单，提升收益。

当前的零售业，已经形成了人找货、货找人、人找人等多种业态，从提供有形产品销售到提供无形服务，从实体到虚拟，从小批量到大批量，从满足大众需求到满足个性化需求。[②] 互联网技术的运用使得多种零售业态能够和平共生，各自发挥优势，共同促进市场整体消费活力。

---

① 吴雪．消费者从实体商店向网络商店的转移行为研究［D］．大连理工大学，2015.

② 周宏敏．改革开放以来我国零售业发展研究［J］．上海商业，2023（01）：11－13.

第四章　零售业商业模式类型

研究零售行业商业模式，必须了解零售业的本质。首先，零售业是什么？零售业是世界上最古老和最重要的行业之一，但截至目前仍然没有一个具体统一的定义。传统上将零售业定义为从事向生产者购买商品，再将商品销售给消费者的营销活动的个人或公司的集合。其次，零售本质是什么？从零售企业的性质来看，通过代理、供应商等渠道，满足顾客日益提高的消费需要，是零售企业的重要职能。零售商作为供需双方之间的中间商，只有满足供给方的需要，才能使顾客满意。因此，零售的本质体现在以下几个方面：拥有各种各样的产品组合可供选择、为生产商提供便捷的销售渠道、营造人性化的服务氛围、拆售、持有存货、增加产品和服务价值、提供生活配套服务、加强与上下游之间的沟通。张艳（2013）将零售业商业模式定义为：当零售企业所面临的外部市场环境满足于一定条件时，该企业将经营模式和盈利模式作为企业运营的核心，创造出企业所需要的边际组合要素，进而形成了零售市场上独特的竞争性优势，并产生了拥有影响力和识别度的商业模式，从而获得相对持续且稳定的利润收入。李飞（2014）认为零售商业模式是这样定义的：零售企业是建立在一系列的组合要素和它们之间的关系的基础上的，它可以用来解释企业有没有获得竞争优势，获取利润，并实现有关利益价值的完整系统。由此，本书认为零售业商业模式是以零售企业所拥有的资源要素为基础，在特定的市场为特定的消费者提供零售商品和服务，并以此获得持续性盈利的客户终端流通交易系统。

第一节　传统零售商业模式

一、传统零售商业模式的内涵

传统零售商业模式以实体店面为基础进行经营活动。这是我国目前大多数企业采用的商品零售运营模式。该模式主要将实体商店整合在一起，并提供仓储、配送及售后服务。在以往，由于商品经济的落后，传统的零售经营方式对社会经济的发展起着举足轻重的作用。但是，由于信息化技术的进步，商品的流通程度越来越高，传统的零售业已经无法适应市场的需要，企业的核心竞争力也越来越弱。

再加上最近几年，国外大型企业纷纷进驻中国，以其先进的经营理念、营销方式以及强势的品牌效应，快速抢占了市场，对我国的传统零售业产生了较大的影响。面对这些挑战，传统零售企业需要积极转型升级，借鉴国际先进经验，改进管理方式，创新营销手段，提升品牌影响力。同时，也要充分利用信息技术，优化供应链管理，提高运营效率，为消费者提供更优质的购物体验。只有不断适应市场变化，传统零售企业才能在激烈的市场竞争中立于不败之地。

在零售业态的选择方面，传统的零售可以是百货店、大卖场、超市、专业商店、专卖店、杂货店、便利店、网络零售店、直销店、加盟店等。从经营的商品内容来看，其既可为服装、鞋子、电器、药品、食品、家具等有形商品，又可为电话充值、机票订购等增值服务或虚拟物品。从运作方式来看，其可以采取自营、联营、租赁或三者结合的方式。

传统零售商业模式的盈利方式因经营方式不同而有所差异：自营通过套利赚取差价，联营通过提取佣金分享销售额，出租则收取租金。在不同的经营模式下，组织架构自然会有所差异。然而，无论采用何种策略，传统零售行业的商业模式通常都离不开独立的单店结构。虽然独立店铺的经营是传统零售模式的一个重要组成部分，但它并不是唯一的必要条件。在市场竞争方面，传统零售商处于完全竞争的市场结构中，买卖双方众多，商品同质化程度高，市场进出自由，企业是价格的接受者，很少通过价格战竞争，且这一模式容易被快速模仿。

二、不同类别零售业商业模式的特征

以下将对传统零售业这两种模式的特征进行描述，并通过典型案例帮助我们进一步了解每种商业模式的具体特征。

（一）产品主导型商业模式

产品主导型商业模式下，零售企业注重产品本身，通过垂直整合供应链与数据驱动的精准选品策略，将主打产品的优势最大化，构建核心产品竞争力，使得销售量尽量达到最大，从而获得更多的市场价值和营业利润。这类企业以“爆品战略”为核心，依托自有品牌研发能力与规模化采购优势，在特定品类形成价格与品质的双重壁垒。以仓储会员制超市 Costco 为例，其通过严控 SKU 数量，聚焦高频刚需商品，实现单品采购规模最大化。通过会员费收入补贴商品定价的策略，Costco 将毛利率严格控制在 11% –13%，形成“高性价比 + 会员专属权益”的独特价值主张。2023 年数据显示，Costco 全球会员续费率达 90% 以上。2024 年 Costco 深圳店开业当日会员注册量突破 14 万，印证了产品聚焦策略的市场穿透力。

【典型案例】　　名创优品（MINISO）

作为全球化产品战略的典范，其以“极致性价比 + 高频创新”重构产品逻辑。依托 2000 余家核心供应商构建的柔性供应链网络，实现 7 天新品研发周期和 15 天生产交付，名创优品集团 2024 年第三季度财报显示，截止 2024 年 9 月全球门店突破 7000 家。名创优品通过“631 产品法则”（60% 基础款 + 30% 潮流款 + 10% 实验款）严控品质与成本，终端价格仅为同类品牌 1/3。其每周推出 100 + SKU、年开发 IP 联名产品超 500 款的创新能力，驱动香薰等品类年销破亿件，爆品成功率高达 30% 以上。

通过案例可以发现该类商业模式主要具有以下特征。

（1）产品力驱动下的零售生态系统

在商品过剩与信息超载的市场环境中，产品主导型零售企业通过“产品力”的深度挖掘，构建从研发到销售的闭环链条，形成对消费决策的绝对牵引力。其一，突破传统零售的渠道中介角色，以“产品主权”重构产业链话语体系。企业通过自主研发、专利技术或设计主导权，将产品从“可替代商品”升维为“不可复制的解决方案”；其二，打破“低价等于低质”的认知陷阱，通过技术创新与供应链重构，实现“大众化定价”“简约化产品”和“差异化价值”的共生。在产品力驱动下的零售企业发挥自身优势，注重产品本身，对顾客形成了更强有力的吸引力。

（2）精准的客群定位

精准的客群定位已成为零售企业构建核心竞争力的中枢神经系统。精准的客群定位表现为通过深度数据挖掘与需求分层模型，系统性识别核心消费群体的本质需求，构建与之高度适配的产品体系与服务模式。在产品维度表现为品质标准与价格区间的精准卡位，既形成与客群消费能力匹配的性价比优势，又通过差异化功能设计建立品类壁垒；在运营层面则体现为会员体系、场景营造等配套机制的针对性设计，持续强化目标客群的价值感知与品牌认同。这种深度聚焦策略不仅降低市场教育成本，更通过需求侧的高精度匹配实现购买转化效率的指数级提升，最终形成客群忠诚度与产品迭代能力互为驱动的良性循环。

（3）数字化供应链支撑体系

产品主导型零售企业构建的供应链网络已超越传统物流效率范畴，进化为支撑爆品战略的“神经中枢系统”。其一，通过数字化供应链实现“需求感知—生产排期—库存调配”的毫秒级响应，将市场热度转化为产能释放的精准市场需求。如优衣库通过 AI 大模型，将门店试穿数据与天气信息实时反馈至生产端，预测所需商品数量，并广泛应用于各类产品，从而减少供需偏差。其二，采用模块化生产与分布式仓储的架构，在成本可控的前提下达成“小单快反”的柔性供应能力。这种供应链体系使企业既能承接突发性消费浪潮，又可规避库存积压风险，形成“爆品孵化器”的底层支撑。

（二）服务主导型商业模式

服务主导型零售正经历从标准化服务向场景化体验的转型。新一代服务商通过构建“商品 + 服务 + 空间”三维价值体系，打造沉浸式消费场景。1946 年，美国的南方公司在得克萨斯州创建了首家全球知名的便利店——7 – Eleven。相较于大型超市，在地理位置上便利店更贴近消费者的日常生活圈，它们一般坐落在居民生活区的中心地带，极大地提升了购物的便捷性。1974 年，日本引入该品牌，但日本分公司并未照搬美国模式，而是彻底重构了其商业逻辑并逐渐走向成功。1987 年，美国南方公司因债务危机申请破产，日本伊藤忠商事联合 7 – Eleven Japan 以 4. 3 亿美元收购其 70% 股权，至此 7 – Eleven 实际控制者逐渐成为日本企业。日本 7 – Eleven 推出“Seven Premium Gold”高端熟食系列，配备专业营养师团队研发菜品，配合 24 小时现制服务，使便利店内餐饮销售占比提升至 35%。其 2023 年推出的“便利店 + 共享办公”混合业态，通过设置智能储物柜与高速 WiFi，吸引都市白领日均停留时长增加至 47 分钟。

【典型案例】　　　　　　胖东来

胖东来以“极致服务体验”重构零售业服务标准，在河南区域市场创造单店年均销售额超 3 亿元的行业奇迹。其通过“三三制薪酬体系”构建高忠诚度服务团队，员工流失率不足 5%（行业平均 35%）。独创“不满意就退货”政策（无理由退换货占比达 18%，二次购买率提升至 91%），并推出 80 余项免费服务，包含修裤脚、宠物寄存、药品急送等，形成“服务即产品”的商业模式。2023 年“胖东来”仅以在许昌、新乡两地的 13 家门店的规模，其净利润超 1. 4 亿元，相较于永辉超市 2023 年归母净利润 –13. 2 亿元，大润发母公司高鑫零售 2023 财年净利润则为 1. 09 亿元，同为区域零售企业的山东区域零售企业家家悦的净利润为 1. 36 亿元。此成绩足以印证“胖东来”商业模式的服务溢价能力。

通过案例可以发现该类商业模式主要具有以下特征。

（1）服务体系化

服务主导型零售企业的服务体系化体现为服务能力的结构化整合与全链路覆盖。企业通过标准化流程设计将分散的服务环节串联为闭环，从前端咨询到售后保障均纳入统一管理框架，确保服务输出的稳定性与可控性。员工培训体系以服务理念为核心，强调行为规范与场景化应对能力的同步提升，形成可传承的服务文化。顾客反馈机制则深度嵌入运营系统，通过数据采集与分析实时校准服务标准，实现动态优化。此外，配套服务与核心业务形成协同效应，如技术支持、场景化解决方案等，进一步扩展服务边界。这种体系化特征使服务不再是孤立环节，而是高度组织化的资源网络。

（2）产品服务化

服务产品化的核心是将无形服务转化为具象化的品牌资产。企业通过统一的视觉符号、服务承诺与场景体验设计，塑造具有辨识度的服务品牌形象，例如，以情感化标签或价值观主张强化消费者记忆点。服务内容本身被提炼为可传播的概念，如“精准响应”“全程陪伴”等，并通过营销渠道转化为品牌的核心价值主张。此外，服务被赋予独立的产品属性，通过会员权益、订阅制等形式形成可量化、可交易的标准化模块，甚至衍生出细分品类的定价体系。这一特征使服务脱离传统辅助角色，成为驱动品牌溢价与用户忠诚度的核心产品。

（3）场景化服务生态协同

其一，服务主导型业态通过空间重组与科技赋能构建“生活场景服务综合体”，将服务融入消费者动线轨迹；其二，运用物联网技术打造“无感服务界面”，通过智能货架与生物识别技术自动匹配用户偏好，如胖东来在门店内设置了智能导购系统。顾客只需通过手机扫描二维码，便能获取个性化的购物建议和实时的商品信息；其三，构建“服务场景数据云平台”，通过热力图分析优化服务模块组合，便利蜂依托智能算法动态调整饮料品类，将线上消费数据反哺线下选品，库存周转效率也大幅提升。这种空间、技术与数据的耦合，使服务网络进化为可自我迭代的生态系统。

（4）共情式服务价值共创

新一代服务主导型零售企业通过情感共振机制将单向服务输出转化为双向价值创造。服务内容不再局限于单一功能供给，而是延伸至情感连接、社交互动等复合价值输出，通过顾客参与和互动反馈，实现服务方案的动态优化。这种模式可以使顾客粘性及客户生命周期价值显著提升。

第二节　新零售业商业模式

一、新零售商业模式的定义

2016 年 10 月，在云栖大会上，马云说：“未来的 10 年、20 年，没有电子商务这一说，只有新零售。”在这之后，新零售就有了各种解释。那什么是新零售呢？新零售，一种创新的商业模式，结合了人工智能和大数据技术。它依托互联网平台，对产品的各个流程进行优化升级，特别是在流通和销售环节。这种方法不仅重塑了业态格局，也极大地丰富了零售生态系统。同时，新零售深度整合线上服务、线下体验及现代物流，创造出一个多元而高效的消费体验环境。通过这些手段，企业能够更好地满足消费者需求，提升竞争力，并实现可持续发展。

（一）创建新零售的三大需求

可以预见，在未来，电子商务平台将会消失，线上线下依靠物流，产生新零售模式。线下的销售门店或生产商，将会利用新物流减少自己的货物库存，将高效率进行到底。而电子商务平台的消失是指，商家将不再依托于天猫等平台，商家将拥有自己的平台，所有的体系都建立完全。举例：电商平台上都有着自己的店铺，产品却集中在线下销售，这是有局限性的，而要创建新零售，则需要满足以下几个需求：云市场、云平台和全域营销。

云市场是指在物联网环境下，由产品生产者与消费者组成的具有经济联系的个体，其存在于物联网的各个节点上。在此基础上，利用相对集中的云计算平台，对物联网中的每一个节点进行信息资源的联合感知，从而将分散在不同区域的经济交易关系进行分离。根据专家的分析，云市场是未来的一种重要的经济形态。当我们谈起云计算平台时，必须要说的是云计算。云服务有三大类，分别是：软件即服务（SaS）、附加服务（Attached service）和云平台（Cloud Platforms）。其中，云平台专为开发人员提供“云”上的服务，使其能够实现“服务即服务”的功能。任何一个大型的网络公司，都需要有一个云计算平台。

“全域营销”，就是将传统的“线上”与“线下”相结合。从过去到现在，市场营销分为两大类，一类是传统的销售方式，另一类是网络时代的销售方式。而如今，则要将两者有机地结合，将各种渠道资源进行整合，构建全链路的销售系统。这是一个高效而精确的系统。

（二）新零售的背景和发展

根据国家统计局数据，全国线上零售销售额增速近年来持续放缓：2019 年 1 ~ 12 月，线上零售销售额为 106324 亿元，同比增长 16.5%；2020 年 1 ~ 12 月，销售额为 117601 亿元，增长率降至 10.9%；2021 年 1 ~ 12 月，销售额达 130884 亿元，增速仅为 11.3%。专业机构预测，按目前形势分析，线上销售额增速或将继续下降，每年下降 8% ~ 10%，表明电商发展已进入瓶颈期，亟须寻求新出路，商业变革迫在眉睫。近年来，电商的快速发展对传统商业模式造成了巨大冲击。如今，面对电商增速放缓、传统商业衰败的双重压力，线上线下融合变革势在必行。只有顺应时代潮流，积极拥抱变革，传统商业才能突破困境，找到新的发展路径。数字化、智能化转型将成为传统商业的必由之路，通过与线上渠道的深度融合，重塑业态形态，优化运营效率，传统商业方能在新一轮竞争中脱颖而出，实现可持续发展。

线上电商自诞生以来，就存在一个难以克服的短板：消费者无法亲身感受商品的真实质感和使用体验。以服装行业为例，消费者无法试穿衣服，难以判断尺码、面料和版型是否合身。虽然一些电商平台推出了虚拟试衣功能，但效果仍难以与线下试穿相媲美。此外，在购买电子产品时，消费者也无法真实体验产品的性能和手感。例如，在购买手机时，消费者无法亲自操作体验手机的运行速度、屏幕显示效果和握持手感等。尽管电商平台提供了详尽的产品参数和用户评价，但仍难以完全替代亲身体验。

面对消费者日益提高的购物体验需求，线上购物在可听、可视和可触方面的局限性日益凸显。这导致部分消费者重新青睐实体店，通过亲身体验来决定购买。艾瑞咨询调查显示，超过60%的消费者更倾向于在实体店购买大件商品，如家具和大型电器，以便更好地评估产品质量。为弥补这一短板，线上电商平台积极探索新的解决方案，如推出AR/VR技术来增强商品展示效果，开设线下体验店以补充线上销售等。但要彻底解决这一问题，仍需要技术和模式的进一步创新。线上线下融合发展，打造全渠道的无缝购物体验，或许是未来的发展方向。

二、新零售商业模式

在新零售商业模式中，零售企业依托互联网平台、大数据AI模型工具等先进信息化手段，全面迈入了“互联网+”与“算法定义消费”的崭新阶段。根据中国互联网络信息中心的最新统计数据，截至2023年12月，我国网民规模已高达10.92亿人，较2022年12月新增了2480万网民，互联网普及率也攀升至77.5%。这一庞大的用户基础为新零售的发展提供了坚实的支撑。国家统计局的数据显示，2023年我国网络零售额超过了15.42万亿元，同比增长了11%，彰显出网络零售市场的蓬勃活力。互联网技术的飞速发展，不仅推动了零售企业构建起“数据采集-分析-应用”的全价值链体系，还深刻重构了“人货场”的连接方式。如今，消费者的决策链路已从平均7天大幅缩短至1.8小时，商品流通成本也降低了28%。在这一过程中，AI技术也发挥了举足轻重的作用。天猫商城、京东商城、拼多多、抖音商城等头部互联网销售平台，通过运用大数据AI模型，整合线上浏览、线下消费、社交互动等全域行为数据，实现了需求预测准确率的大幅提升。AI的智能化分析，让零售企业能够更精准地把握市场需求，从而推动整个零售行业从“经验驱动”向“数据驱动”的范式转变。

【典型案例】 拼多多社交电商生态体系

拼多多开创性融合社交网络与电子商务，构建“分布式社交裂变+智能算法推荐”的双引擎增长模式。通过“拼团购”模式将用户社交关系链转化为商业传播网络，借助微信生态实现指数级用户增长。平台设计的多层次激励机制（如现金红包、助力免单等），使单个用户的平均分享剧增，获客成本仅为传统电商平台的1/3。基于分布式计算技术构建的商品推荐系统，每日处理超百亿次用户行为数据，形成2000+维度的消费者画像。通过“以需定产”的反向定制机制，将爆款商品开发压缩至15天左右。其“动态定价模型”实时分析商品价格数据，使平台整体价格竞争力保持行业领先，2023年全年营收为2476亿元，同比增长90%。

通过案例可以发现该类商业模式主要具有以下特征。

（一）线上线下融合的无缝对接

新零售商业模式的核心竞争力在于其成功地将线上与线下零售渠道进行了深度融合，实现了无缝对接。这一模式打破了传统零售渠道的界限，使得消费者可以随时随地、随心所欲地进行购物。线上平台通过丰富的商品信息、便捷的支付方式和快速的物流服务，为消费者提供了前所未有的购物便利；而线下门店则通过真实的商品展示、专业的咨询服务和贴心的售后保障，为消费者营造了更加舒适和愉悦的购物体验。线上线下渠道的完美融合，不仅提升了消费者的购物便捷性，更通过两者的优势互补，形成了全渠道购物的极致体验，满足了消费者日益多样化的购物需求。

（二）大数据驱动决策的科学性与精准性

大数据的广泛运用是新零售商业模式的又一重要特征。在新零售模式下，零售企业通过收集和分析海量的消费者行为数据、商品销售数据和库存数据等，获得了对市场需求的深刻洞察。这些数据不仅为企业的决策提供了科学依据，更使企业的决策过程变得更加精准和高效。通过大数据分析，企业能够准确预测市场趋势，制定科学的库存管理策略，优化商品结构和营销策略，从而全面提升运营效率和市场响应速度。同时，大数据的运用还为企业提供了个性化的服务支持，通过精准推送消费者感兴趣的商品和服务，提升了消费者的购物体验和满意度。

（三）智能技术应用的创新性与广泛性

智能技术在新零售商业模式中发挥着举足轻重的作用。从智能推荐系统到自动化仓储管理，智能技术正在不断推动零售行业的变革和创新。通过应用人工智能、物联网等先进技术，零售企业实现了商品的智能化管理和个性化服务的提供。智能技术的应用不仅提升了企业的运营效率和服务质量，更为消费者带来了更加便捷和智能化的购物体验。例如，智能推荐系统能够根据消费者的购物历史和偏好，精准推送符合其需求的商品和服务；而自动化仓储管理则能够大幅提高库存周转率和降低运营成本。此外，智能技术还为企业提供了持续创新的动力和源泉，推动了零售行业不断向前发展。

（四）消费者体验为核心的服务优化与升级

在新零售商业模式下，消费者体验被置于企业竞争的核心位置。零售企业不仅关注商品本身的质量与价格，更致力于为消费者提供全方位的购物体验和服务保障。为了提升消费者体验，企业不断改进和优化购物流程、提升服务质量、丰富产品品类和提供个性化服务等多个方面。例如，通过引入智能导购系统和虚拟现实技术等手段，企业能够为消费者提供更加直观和真实的商品展示和购物体验；而通过建立完善的售后服务体系和投诉处理机制，企业则能够为消费者提供更加贴心和高效的售后保障。这种以消费者体验为核心的服务优化与升级，不仅赢得了消费者的信任和忠诚，更提升了企业的品牌形象和市场份额。

（五）新盈利模式的多元化探索

新零售商业模式的兴起为零售企业带来了全新的盈利机会和发展空间。除了传统的商品销售利润外，企业还可以通过增值服务、会员体系、数据分析等多种方式实现盈利的多元化。例如，通过提供定制化服务和会员专属优惠等方式，企业能够吸引更多消费者并提升他们的消费频次和客单价；而通过收集和分析消费者数据并运用数据分析技术挖掘潜在商机，则能够为企业创造更多的商业价值和利润增长点。这种多元化的盈利模式不仅提升了企业的盈利能力，更为企业的可持续发展提供了有力保障。同时，新的盈利模式探索也推动了零售行业不断创新和变革，为行业的未来发展注入了新的活力和动力。

三、新零售发展路径

（一）线上线下融合（O2O）

在移动互联的背景下，移动化、社群化成为零售渠道的重要变化。线下渠道的社群化缩短了商户和顾客的距离，而可移动化的线上渠道则为O2O模式的落地奠定了坚实的基础。O2O的深度融合是解决实体零售困境、突破传统零售模式的关键所在。融合需要借助智能手机等移动终端和App来实现。移动通信技术推动企业运营模式转型升级，各类App为品牌商打造闭环生态提供无限可能。近年来，小程序、直播带货、社交电商等新型应用不断涌现，进一步丰富了移动端的零售场景和互动方式。同时，人工智能、大数据等技术在零售领域的应用日益深入。智能推荐、个性化定制、无人店等创新模式不断出现，重塑了消费者的购物体验。此外，数字化供应链、智慧物流等技术的应用，也为零售企业的精细化运营和全渠道融合提供了有力支撑。零售行业将加速向数智化、场景化、生态化方向融合发展。线上线下融合将更加深入，消费者将享受到更加便捷、高效、个性化的服务。零售企业需要顺应数字化浪潮，加快转型升级，构建起面向未来的核心竞争力。

“整合”是一个重要的管理理念。通过对服装品牌商O2O的研究，可以从人、物和消费场景三个方面重新构建起线上与线下的深度融合。为了实现对用户数据的准确采集，企业需要将成员账户打通，并利用其强大的数据收集、分析和应用能力来获取消费者的需求。要想达到线上和线下的销售结合，就需要研发相关的应用产品、激励措施和组织人员参加技能训练。此外，企业还需要重视消费场景的重构。线下门店不仅是销售商品的场所，更是体验、互动、社交的空间。企业可通过智能化设备、沉浸式体验等方式，为消费者提供更加丰富、有趣的购物体验。同时，线上渠道也需要强化场景化营销，通过直播、短视频等方式，将商品与内容场景深度结合，激发消费者的购买欲望。

新零售时代下，企业需要以消费者为中心，打破线上线下边界，构建起融合的全渠道生态。这需要企业在组织架构、数据应用、供应链管理等方面进行系统性变革，不断提升运营效率和用户体验，从而在激烈的市场竞争中脱颖而出。在实际操作中，由于在不同的零售场所消费场景是不同的，因此，它们在进行线上和线下相结合时所采取的方法也是不同的。我们或许可以借鉴一下阿里的 O2O 计划：百货业是“阿里 + 银泰”的商业模式；社区超市是淘宝到家；而购物中心的领域，就是喵街。

（二）零售 + 体验式消费

近年来，“零售 + 体验式消费”这一模式已被许多零售企业所认同，在今后的发展中也将会是一片光明。从购物中心方面来说，近几年各大城市的大型商场数目明显增多，很多百货店都在积极向大型商场转型。造成这一现象的原因，是居民的消费需求又有了新的提高，他们越来越重视消费体验，在购物的过程中，也希望得到一些基本的配套服务，如餐饮、娱乐等。

在百货业，从百货店到大卖场的演进已经成为不可逆转的潮流。目前，零售业收入在百货店总收入中所占比重已达 80% 以上，而在大型商场，这一比重更是高达 40% ~70% 。在超级市场方面，阿里旗下的盒马鲜生就是“零售 + 体验”的典范，通过 App 与线下商店相结合的方式，将生鲜食物与餐饮结合起来，形成了一种类似于“体验店”的模式。顾客可以在这里购买新鲜的商品，然后再由餐馆的厨师烹调。网上订购，5 公里以内，30 分钟即可送到。不管是网上的还是离线的，都可以通过支付宝进行支付。

在便利店领域，7－11 和全家等品牌已经转型为“快消品＋餐饮”模式，主打便当、饭团和三明治等鲜食。据统计，鲜食为 7－11 门店贡献的日均交易额约占 40%。同时数字化转型和智能化设备在各领域的应用愈加重要。盒马鲜生不断升级 App 功能，提高物流效率和配送服务，门店还引入了自助结账系统和智能购物车，提高了用户体验和运营效率。而在便利店领域，无人值守便利店、自动售货机等技术发展迅猛，进一步提升了便利店的便捷性和高效性。零售行业各业态通过融合线上线下资源、优化用户体验，不断推动服务升级与模式创新，以适应消费者日益多样化和个性化的需求。

在实体零售行业中，尽管很多实体零售企业都在积极地进行着“零售＋体验式消费”的尝试，但是很少有实体零售企业可以获得成功，这让我们不禁要问：为什么选择了正确的方式，但是却无法实现转型升级？从成功的例子来看，它们都有一个共同的特点，那就是忽视了人的管理。其具体表现为：企业未能对顾客进行数字化，很难挖掘出顾客的需要；公司也未能建立起一套有效的激励机制，以保留和调动员工的积极性和创造性。

在传统的零售模式中，企业为了适应大众的需要，需要进行产品的规模化生产，而现在的新零售商业模式却是以用户的需求为中心，创建体验式，从而达到差异化竞争，这是两种截然不同的商业模式。

（三）零售＋产业生态链

这种新零售的运营模式，既涉及用户、企业内部，也涉及上、下游产业链上的各个环节。而“零售＋产业生态链”则强调企业要充分重视上下游的合作伙伴。另外，为了实现“零售＋产业生态链”的经营模式，企业也必须搭建一个开放式、综合性的平台。特别是阿里“零售＋产业”的经营模式，更是值得所有零售业人士学习和借鉴的。

淘宝与天猫两个电商平台，都是为了给入驻商户创造价值，而它们之所以能够长久地维持活力，就是因为它们能够给商户带来可观的效益。淘宝将大量的用户流量引入有价值的产品中，并通过对用户的数据进行分析，通过完善的支付、交易和店铺管理体系，来帮助商户获取合理的利润，以此来促进平台的发展。同时，淘宝还与上游厂商进行了深度的合作，为厂商和生产商提供更多的信息，从而更好地满足消费者的需要。作为生态产业链的重要组成部分，阿里通过成立菜鸟网络，为物流服务商构建完善的物流配送网络，并引入电子面单技术以提升发货效率。同时，基于大数据技术，阿里在多个细分领域与物流服务商合作，推出多样化的物流服务。通过加强与上下游合作伙伴的合作，提供先进的技术和服务，淘宝和天猫不断优化整体生态，确保所有参与者在这个平台上都能获得收益，实现共赢发展。

从根本上讲，购物中心、连锁超市及便利商店等都是综合性的零售平台，他们同样要为上、下游的企业提供高质量的服务，若不能像阿里那样，利用平台的思维，让更多的合作方一起分一杯羹，将“市场蛋糕”分成更大的份额，那些屹立了很多年的传统零售业巨头，则很有可能会被后来者所取代。

第三节　新零售与传统零售融合商业模式

一、新零售与传统零售融合必要性分析

传统零售行业是我国物资流通的重要渠道，在市场经济中占据关键地位，也是各行业竞争最为激烈的领域。随着网上零售模式日益成熟，越来越多消费者开始尝试网购。2014～2019 年，全国线上零售额从 27898 亿元增长至 106324 亿元，近年来持续保持增长势头，且这一趋势有望在未来得以延续。

网上零售的迅速发展对传统零售行业造成了一定冲击，促使其积极探索线上线下融合发展的新模式。与此同时，线上零售的便捷性、多样性也为消费者提供了更多选择，推动了消费模式的转变和升级。在新零售时代，传统零售与网上零售的协同发展，将进一步优化资源配置，提升行业整体效率，为消费者带来更优质的购物体验，推动零售行业实现高质量发展。

传统零售企业与新零售融合，将逐步成为我国零售行业未来发展的主流方向，由于传统零售行业竞争环境剧烈变化，转型电子商务只是时间早晚问题，因此其迫切性主要表现在以下几个方面。

（1）消费习惯的迅速转变，促使传统零售业加速转型。在当前的市场环境中，消费者占据着话语权，他们的购物行为也在不断地转向网上购物，这对传统零售业的竞争优势产生了重要影响。

中国互联网络信息中心（CNNIC）发布的最新数据显示，截至2020年6月，我国网民规模达9.40亿人，较2020年3月增长3625万人，互联网普及率提升至67.0%，较3月上涨2.5个百分点。面对消费者行为模式的转变和互联网用户规模的不断扩大，传统零售企业必须顺应时代发展趋势，加快向网上零售模式转型，以满足消费者多元化需求，提升市场竞争力，实现可持续发展。

（2）新型网络零售企业的崛起，正不断挑战传统零售企业的市场地位。21世纪以来，我国网络购物市场实现了跨越式发展。在短短十余年间，从最初简单模仿国外模式，到逐步形成各类专业购物平台，并打造出阿里巴巴、京东等一批知名电商品牌。这些新型网络零售企业凭借其便捷、高效、个性化的服务，不断吸引消费者，抢占传统零售企业的市场份额。据国家统计局数据，2022年全国网上零售额13.8万亿元，比上年增长4.0%，占社会消费品零售总额的比重为27.2%。

面对网络零售的冲击，传统零售企业纷纷探索数字化转型之路。一方面，传统零售企业加快线上布局，开设自营电商平台或入驻第三方电商平台；另一方面，传统零售企业积极探索线上线下融合发展新模式，如开展O2O服务、推行智慧门店等，以提升消费者体验，巩固市场地位。

（3）网上购物作为一种低碳、绿色、便捷的消费方式，已经成为零售业的新趋势。传统的零售业主要依靠店面的扩展，但其所需的土地租金、人工等成本很高，同时也存在大量的资源消耗与碳排放量。在人工成本不断攀升的情况下，传统零售业的利润率日渐萎缩。网上购物凭借其低碳环保、便捷高效的优势，正受到越来越多消费者的青睐。2022年，全国快递业务量达1083.5亿件，同比增长2.1%。快递业积极推进绿色包装、智能快件箱等措施，促进行业可持续发展。面对网络购买模式的冲击，传统零售企业需要加快数字化、绿色化转型步伐，优化供应链管理，提高运营效率，同时积极探索线上线下融合发展新模式，以差异化服务和独特体验吸引消费者，在激烈的市场竞争中寻求突破和发展。

（4）品牌企业向网上直销的转变，对“价值链”根源的传统零售业产生了巨大的冲击。传统零售业长久以来都是依靠终端商店来维持生存，然而在一些品牌企业纷纷转型为线上直销后，其渠道优势正在逐渐消失。而我国的家用电器工业则是率先进行了这种转变。海尔和 TCL 等世界著名的家电企业都在网上设立了购物中心，并开始了网上直接销售。这使其在价格、服务等方面具备更大自主权，对传统零售企业的“价值链”形成了直接冲击。未来，随着越来越多品牌企业拥抱网络直销模式，传统零售企业面临的渠道压力将进一步加大。为维系“价值链”地位，传统零售企业需要积极应对，加强与品牌商的合作，优化渠道布局，提升服务水平，同时加快数字化转型步伐，通过线上线下融合发展，构建全渠道零售生态，重塑行业价值链。

二、新零售与传统零售商业模式融合创新案例

（一）苏宁易购的背景介绍

苏宁在互联网的浪潮中，在互联网技术的诱发创新环境下，模仿亚马逊等先进电子商务平台，积极应用互联网元素，从线上线下共同发展的角度出发，解剖自己的原有业务和零售结构，积极探索互联网思维下的商业模式，这些均值得我们进行学习和分析。苏宁，全称苏宁云商，创建于 20 世纪 90 年代，是目前中国最大的零售业企业之一。苏宁目前的产品种类很多，从传统的家电到电子数码，再到个护用品，应有尽有。苏宁在南京时，只有一家空调专卖店，现在已经发展到了 4000 多家连锁店，苏宁易购在全国 B2C 电商平台上排名第三，为消费者提供真正的商品、方便的购物、舒适的体验。2013 年，苏宁电器因企业运作方式的转变而更名为“苏宁云

商”，标志着一种全新的零售业经营模式的转型。

（二）苏宁公司商业模式创新实践

1. 借助云计算重塑价值模式

苏宁云商借助云计算技术，将客户进行了线上线下体验相融合，提供了更优质的服务，让实体店铺和网络店铺相融合。公司的服务前台和服务后台融合，可以为客户带来全方位的自由、舒适、便捷、高效的购物体验；可以实现智能购物，让顾客在购物之后可以对自己进行分析；也可以让公司提供服务之后对顾客行为进行分析。苏宁云商的成功转型主要依靠于两个现实路径：第一个路径是通过云计算技术实现价值获知的创新，云计算技术打造了全球零售供应链，形成了产业链，利用各种信息发布平台进行网络商品的宣传，通过淘宝、京东等平台的合作，让苏宁易购不断在这些平台中实现了销售量。同时也让苏宁易购知名度增加，在减少公司运营成本的基础之上，减少公司的生产周期和交易时间。第二个路径，苏宁易购通过运用云计算技术实现了价值创造的创新。苏宁易购应用高科技手段给客户的价值体验带来了全新的感受，苏宁易购将企业的产品定位在提供家电产品上，考虑到以往家电产品在网上不能得到充分的体现，因而采取了线上线下相结合进行产品体验升级、网上订货和实体店送货相结合的方式，带去全新的客户价值。2012 年 9 月开始，苏宁易购从广州、北京、上海等大城市建立购物体验店。截至 2020 年 6 月，苏宁易购在全国设立了 356 家分支机构。苏宁易购的网点优势得到了充分的发挥，借此，苏宁易购从家电产品开始向其他种类的产品进军，形成了全产业链产品供应，由垂直转向全方位。

2. 应用互联网改变客户体验

从 2002 年开始，苏宁易购为了吸引众多的中小企业，打出了“三免费”的政策，吸引多家家电企业入驻苏宁易购旗下。这些企业可以在苏宁易购技术平台当中获得产品、配送等全方位服务。苏宁易购给供应商提供了大数据、供应链、开放物流和金融四大平台。苏宁易购通过大量的网络宣传和电视广告获得了众多消费者的青睐，得到了线下消费者拥护。由于消费者在购买家电时需要进行体验，苏宁将所有的家电集中在线下体验店当中，给客户带来了众多的方便。除了给客户和供应商带来价值之外，苏宁易购给自己的员工也带来了更多的价值，将监督员工关系变成了现在的相互沟通和合作关系。

（三）苏宁公司商业模式转型的启示

1. 零售企业要注重商业模式创新

苏宁易购通过应用新技术创造了顾客价值、供应商价值和运营价值。在应用了信息技术基础上，增加了运行效率，提高了顾客有效性、顾客忠诚度和顾客参与度。零售企业在苏宁易购的案例中需要借鉴价值创造手段，积极进行商业模式变革，顺应时代发展。

2. 线上线下相结合是未来零售企业发展的必然路径

苏宁以 O2O 为主要模式建立了商业生态系统，增加了顾客体验。线上营销和线下体验相结合可以增加顾客有效性，让顾客在想获得商品时能找到自己想要的产品，同时解决了送货问题和售后问题。零售企业线上订货和线下送货相结合的形式可以获得更好的客户体验，值得推广。

三、新零售与传统零售融合路径

（一）以零售消费需求多元化为支撑实现场景多元化

新零售时代开启了“自零售”的崭新篇章。“自零售”依托人与互联网技术，利用人际间的信任和情感纽带，传播商品信息和口碑，实现销售。在这个时代，“去中心化”的组织结构凸显，每个人都成为商品传播的节点。以小红书为例，用户通过分享美妆、穿搭等内容，借个人形象和信任感获得传播效应，影响他人消费决策。

与此同时，零售消费主权时代带来了消费个性化、层级化的新趋势。当下，消费观念由实用主义转向个人实现主义。消费不仅满足物质与精神需求，也彰显个性、创造层次，体现个人价值。以定制化服装为例，消费者可根据自身喜好和体型，选择面料、款式和细节，打造专属自己的独特服饰。消费者的关注点也从性价比、产品功能等共性特征，转向美学设计、价值标签等个性特征。以手机市场为例，消费者不再满足于性能强大的普通手机，而是青睐外观时尚、品牌调性契合自身形象的机型。这为零售商品供应带来挑战和创新机遇。企业需要顺应这一趋势，提供更加个性化、多元化的商品和服务。例如，耐克推出 NIKEiD 定制服务，让消费者参与鞋款设计，彰显个性；星巴克推出“专属你的星礼卡”，将顾客姓名印在礼品卡上，提升顾客归属感。在“自零售”时代，企业唯有满足消费者日益变化的个性化需求，方能抢占先机，赢得市场。

因此，在未来，零售业商业模式正朝着以消费需求多元化为支撑，实现场景多元化的方向发展。首先，定制化的个人信息账户将用于精准匹配消费需求。以亚马逊为例，其利用大数据分析和机器学习算法，根据消费者的浏览、购买历史和评价等数据，推荐个性化商品，提升购物体验和转化率。这意味着零售企业将更加重视有特定购买需求和强大购买力的客户，而非仅关注普通消费体验。其次，智能应用将帮助实现分散客户群消费场景的集中化。传统零售业态中，商超凭借地理优势聚集客户群体，拥有稳定客源。但随着信息化发展和个性化需求增加，普适性商品难以满足所有消费者。新零售革命则重视不同消费者的价值参与能力，将其置于主体地位。例如，盒马鲜生通过“餐饮＋零售”的新业态，满足消费者一站式购物和餐饮需求，同时利用大数据分析消费行为，优化商品布局和库存管理。零售业的未来发展将以消费需求多元化为基础，通过个人信息账户精准匹配需求，并利用智能应用集中管理分散的客户群，为消费者提供更加个性化、场景化的服务，重塑零售业态和商业模式。这需要零售企业深入洞察消费者需求，灵活运用数字化技术，不断创新商业模式和服务方式，方能在新零售时代站稳脚跟，赢得发展先机。

（二）线上线下物流的整合

基于场景的消费更准确地把握销售时机，满足顾客未来的消费需求，这也是新零售发展的主要方向。随着消费的升级，个性化需求和基于场景的体验将成为“新零售”的核心要素。消费者更愿意为良好的体验、舒适的环境、共鸣的情感和准确优质的服务付费。消费过程需要一个载体，在一个完整的闭环中承载内容和服务。以阿里巴巴为例，以大股东战略进入银泰业务，开通百货专线全渠道整合。2018 年年初，阿里巴巴收购了大型连锁超市欧尚超市，并与零售巨头安百里集团签署了长期战略协议。

（三）以智能应用为平台实现零售业态布局协同化

智能时代和互联网时代的零售企业最大的不同在于，尽管互联网能够将分散的客户、产品和消费场景进行有效的联系，但难以形成有效的协作。而智慧商务的协作则是基于“3 个 I”，即“知”“互联”和“智能”。在感知层次上，零售企业需要借助具备场景感知和空间感知的智慧技术，并对其进行更多的数字化处理，从而使零售数据的分析能够延伸到各个领域，针对不同的行业和行业的特定应用场景进行有针对性的发展。例如，京东的叮咚音箱可以感知和识别用户声音，了解用户需求并数据化，这一数据可被生活服务类零售企业用于对消费者需求进行动态响应，提高零售智能化体验。未来用户将不再需要通过手机 App 在线下订单并支付，而是由智能冰箱和智能外卖 App 协同操作，利用感知服务帮助用户补充日常用品，全程减少人工参与。具体而言，智能时代零售业的发展将依赖于感知、互联、智能技术的应用，通过数据化处理场景，在不同领域进行有针对性的开发，提供更加智能化、协同化的服务，减少人工参与，提升用户体验。这将是智能时代零售业区别于互联网时代的关键所在。

未来零售业务模式的创新发展，将更多地契合“互联”这一内涵，在不同的消费情景中，通过分享数据，产生更高的协作价值。早期电商的互联还没有得到很好的发挥，尤其是在时空上缺乏与传统零售业的连接。将来，在成熟的第三方应用程序和后台数据库的基础上，建立起一个零售的生态体系，让顾客可以方便地与线下超市进行连接，超市的便利也可以与供应商和智能应用进行连接，让整个零售市场的合作更加紧密。据分析，实现了线上线下一体化运营，与供应商实时共享销售数据，优化库存管理。

在智能层面，以匹配精准需求为导向的智能零售体系将进一步提高零售准确率，实现商品与信息在流通过程中的匹配优化。例如，京东物流利用大数据和人工智能技术，智能规划配送路径，规避拥堵路段，进行顾客甄别和优先配送，使得库存、配送和零售过程实现更好的匹配。随着智能化浪潮的到来，智能设备的使用水平必将不断提高，实现零售网络的整体优化。例如，亚马逊的无人便利店 Amazon Go 利用计算机视觉、传感器融合等技术，实现了顾客自主选购、免结账离店的智能化购物体验。未来零售业将在互联和智能层面实现更大突破，通过数据共享和智能匹配，构建高度协同的零售生态系统，为消费者提供更加便捷、精准、个性化的服务，推动零售业商业模式的创新发展。

（四）作出新决策改善顾客体验

在互联网环境下，苏宁易购作出决策，使得传统零售行业和互联网紧密结合，创新商业模式，改善顾客价值体验。首先，增加顾客参与度。顾客参与度是指顾客在产品生产、销售和购买过程中的参与度和有意识的选择。其次，增加顾客忠诚度。商业模式创新可以让零售企业更接近顾客，更了解顾客的需求。让顾客可以去享受与企业之间紧密接触，相互交流和沟通，从而提高对零售企业的忠诚度。再次，提高顾客信息识别能力。商业模式创新可以提高顾客对信息的接受能力，能够让更多的顾客接收到更真实的信息，提高了零售企业在运行过程当中的信息有效性。信息有效性的提升可以加大顾客对产品的了解程度，同时也可以让零售企业更多地了解客户信息，建立起顾客反馈系统。新技术让零售企业建立客户关系管理系统，从而更有效地管理客户，为客户提供更有针对性的服务。在此基础之上，零售企业就可以采取对顾客的锁定策略。运用新技术提供其他企业不能提供的服务，对消费者进行锁定。了解到目标顾客群体的价值主张，从而以更清晰和更具特色的服务来吸引消费者。长期以来，消费者就会对零售企业加强了解，增进感情交流。最后，增加顾客有效性。顾客有效性指的是顾客购买到自己想要商品的容易程度。增加顾客有效性就可以让顾客在想买到自己需要产品时能买到自己想要的产品。顾客只有在参与的某一个购买过程当中切实地体验到了购买某一款产品过程中的体验才可以增加对产品的依赖程度，以及增加对产品的兴趣，从而增加对产品的购买意愿。顾客参与的过程也是零售企业与顾客进行相互接触和相互交流的过程。在相互交流和互动过程当中，企业与消费者之间形成了密切往来的关系，增加了情感交流。这种顾客体验不断加深，就会积累顾客的忠诚度，从而让顾客体验到参与购买过程中的消费者体验。顾客对某一个购买流程了解更清晰之后，他们就会成为这一个品牌的义务推广者，成为这个品牌的口碑传播者，从而增加对品牌的推广。

（五）投入新资本打造新渠道

传统零售商业模式与新零售商业模式的融合需要有资本的投入和支持。以往资本配置结构不能满足商业模式创新的需求。将有限资本进行重新配置是进行商业模式创新的必要保障。投入资本进行网络技术应用，网络技术推动了零售企业的线上营销和线下体验的结合，让消费者获取信息的成本更低廉，接触商品的代价更低廉。以往顾客想买到自己需要的产品并不是非常容易，而新技术的应用可以让顾客很容易地买到自己想要的产品组合。这种产品组合对顾客来说是最优的产品组合形式。在此基础之上，零售企业就可以考虑制订相关顾客激励机制。组织各种线上线下活动，吸引消费者进行产品的购买。除了建立线上线下渠道外，还需要投入系统建设，建立客户关系管理系统，投入人力资源更新等。

（六）应用新技术提高运行效率

通过新技术的应用可以节省零售企业在运行过程当中的时间，从而提高运行效率。由于网络技术的发展，让零售企业减少了分销环节，让零售企业能够以更低廉的成本运用网络技术，从而节约运行成本，提高运行效率。在没有运用新技术之前，顾客在了解信息过程中存在大量的“失真”现象，信息在传递过程中出现噪音，在从一个顾客传到另一个顾客口中时，信息已经发生了大量的“失真”。更多顾客不能辨别信息是否真实，从而造成了严重的影响。零售企业在分销各个环节，交流过程中需要耗费大量的时间、人力和物力。如果通过新技术减少了零售企业在分销各个环节中的时间耗费和人力物力的耗费，就可以大大提高运行效率。

由于网络技术的使用能让顾客降低对零售企业的搜寻成本，从而加强了对产品的搜寻，也能够让消费者在线上和线下多渠道购买商品。到实体店和网上进行相关产品的购买，线上线下体验相结合，让顾客获得产品的效率提升，线上线下结合，可以改进线上的体验环境，也可以改变线下的营销渠道。

（七）创造新需求优化运营流程

对零售企业网络的应用以及零售企业运营流程的改变，让顾客与零售企业之间交流与沟通大大方便。新技术的应用还可以让消费者具有主人翁意识，他们可以随时加入产品的设计和改进过程中，为产品的设计和改进提供自己的建议和想法。当消费者的相关建议和主张得到了零售企业的认可之后，他们就会增加主人翁意识。对零售商来说也生产出了顾客认可的产品，区别于其他零售企业提供的产品和服务，其具有了独特性和不可复制性。

新技术的应用可以增加顾客获得商品的效率，能让顾客想购买商品时就能够买到自己需要的商品，这样就会形成对零售企业的好感，也会形成对零售企业的喜爱，从而产生对零售企业的肯定和依赖。

第五章　零售行业业态形式发展

研究零售行业业态形式发展，需要了解零售业态。在这方面，国内外均有丰富的研究。在国际上，零售业态的定义更加侧重于其经营形式与服务特点。在日本，研究机构与学者对于零售业态的定义进行了多角度的探讨。其中，以铃木安昭为代表，他认为零售业态与零售形态在概念上趋同。他进一步将零售业态定义为，基于店铺的物理特性，零售商为某一特定零售场所（店铺）所制定并实施的全面经营策略的集合；以向山雅夫为代表，他提出，“业态”即为“零售商业形态”，是指采用相同经营策略、技术及管理方法的零售商业机构的集合体，这一集合体涵盖了百货商场、超级市场、便利店等多种零售业态形式；以日本零售商业协会为代表，他们将零售业态诠释为，零售业态是紧随消费者购买习惯变化而调整的经营模式。美国在零售业态的界定方面，学者们普遍倾向于使用“types of retailers”或“types of retail establishments”，而非“types of operation”。这一选择并非偶然，而是基于学术严谨性与行业实践惯例的考量。关于零售业的分类，科特勒（P. Kotler）构建了零售业态分类的五维模型，这一模型涵盖了商品组合、价格诉求、卖场特点、店铺管理形式以及店铺集合形式等五个核心要素。这些研究丰富了零售业态分类的理论体系，且为后续的深入研究提供了理论基础与实证指导。在国内，零售业态常被视作零售企业根据消费者多样化需求而灵活调整的经营模式。1998 年，我国国内贸易局发布了《零售业态分类规范意见（试行）》，此举正式确立了“零售业态”一词在官方层面的认可地位。随后，在 2000 年发布的修订版中，国内贸易局对零售业态的定义进行了明确的阐述，即“零售业态是指零售业为满足多元化的消费需求，通过差异化的经营策略和模式，所形成的各具特色的经营形态。”这一定义不仅强调了零售业态的多样性，也突出了其满足不同消费需求的核心价值。零售业态的分类体系构建依托于多维度的考量，包括但不限于零售业的选址策略、经营规模、目标顾客群体特性、商品结构的差异化、店堂设施的完善程度、经营方式的灵活性以及服务功能的综合性等。这种分类方式深刻体现了零售业态的多样性与高度的市场适应性，反映了零售企业在面对市场变动和消费者需求变化时所展现出的灵活调整经营策略的能力。这些定义凸显了零售业态与消费者需求之间的紧密联系，并强调了零售企业在激烈的市场竞争中，通过差异化策略寻求竞争优势的重要性。

第一节　零售行业业态形式特征

从 2015 年开始，中国的经济体制开始由“需求侧”改革过渡到“供给侧”改革，目的是通过提高全要素生产率来寻求新的经济增长点；除此之外，互联网商业模式的发展，促使商业模式得到新一轮的演变。因此，本书基于供给侧结构性改革和互联网商业模式的发展，以企业的产品提供形式为出发点，把零售业业态划分成产品主导型、服务主导型和信息主导型三种业态形式。以下将对零售业这三种形式的特征进行描述，并通过典型案例来帮助我们进一步了解每种业态形式的具体特征。

一、产品主导型业态模式

在这类模式中，零售企业注重产品及其本身，利用各种渠道和战略思想将主打产品的优势最大化，使得销售量尽量达到最大，从而获得更多的市场价值和营业利润。以沃尔玛超市为例，它们推行“一站式”购物消费理念，使顾客能够在短时间内快速购齐所需商品。在“决胜终端，渠道为王”的今天，沃尔玛作为流通领域的终端，直接面向客户，能够最先了解客户需求的变化，根据客户实际需求采购产品。超市作为零售企业之一，特色在于消费者自助挑选商品并通过统一收银进行结算。自 1978 年起，这种商业模式在中国被引入，当时被称为自选商场。1985 年 7 月 3 日，上海首开了一家自选式的超市。作为普通的上海市民，需要持外汇券才能购买货品。1997 年 7 月夏，北京家乐福超市人数非常多，市民不仅来购物，还自带板凳纳凉。1996 年后，一批世界级大型连锁超市开始相继进入中国。

［**典型案例**］ALDI（阿尔迪）。2016 年德国的零售超市 ALDI 打败了全球超市巨头沃尔玛，成功在美国开拓 1000 余家门店，并成为最受欢迎的超市之一。ALDI 能够获得这么成功的经营秘籍只有一个，即阿尔迪始终没有忘记零售的本质：在实施低价策略时始终保证产品的高质量。ALDI 的低价策略就是利用最传统和最简约的经营方式，即尽量地降低经营成本和运营成本，只销售顾客常买的产品，并且产品高质低价；除此之外，没有提供任何的特殊服务，因为 ALDI 认为不必要的服务只会增加成本，最后的结果就是商品的价格提高，这样也就失去了低价优势。通过案例可以发现该类商业模式主要具有以下特征。

（一）注重产品效应

对于这类只关注产品的零售企业来说，产品效应举足轻重，如果能够将企业主打产品的产品效应最大化，那么企业所取得的价值将是非常可观的。产品效应包括两个方面：品牌效益和成本领先。自有品牌一直适合零售业差异化竞争中谈论最多的品牌战略。发挥品牌效应不仅能够打响企业的名声，强化零售企业的自身竞争地位，而且能够保持更多的独立性和获取更多的利润。降低成本一直是零售的本质，虽说自从进入互联网时代后，网络零售本身就带有低成本的“体质”，显得低成本这个方法似乎是行不通了。然而对于只注重产品的零售企业来说，成本领先还是相当重要的，通过使成本领先于竞争对手，从而获得与对手竞争的资本和优势。

（二）简约型的产品

在互联网时代，信息呈爆炸形式出现，稍纵即逝，消费者的耐心越来越少，因此，零售厂商如果想要留住顾客那就必须在转瞬间抓住关键，即企业的产品要有简约性。产品的简约性主要包括两个方面：专注和简约。专注是指企业专注于一款或是几款产品，摒弃多样化，将主打产品自身的优势有效发挥出来；简约并不意味着简单，简约代表了纯粹和凝练，它能够让顾客在最短的时间内浏览到所想要的信息以及买到所想要的商品，从而为顾客节省宝贵的时间。通过产品的简约性所取得的效应往往比采用产品差异化来得更好，更能留住顾客的心。

二、服务主导型业态模式

在这类业态模式中，零售企业倡导以服务为主，将服务理念贯穿于整个企业运作过程，从而使服务平台产生价值，为企业带来收益。该形式强调的是服务平台效应，需要企业做好服务工作并推动服务创新，同时也需要各类消费者同时存在。其中以服务为主导的便利店存在多种业态形式：连锁便利店、社区便利店、杂货店等。1946 年，美国的南方公司在得克萨斯州创建了首家全球知名的便利店——7 - Eleven。相较于大型超市，在地理位置上便利店更贴近消费者的日常生活圈，它们一般坐落在居民生活区的中心地带，极大地提升了购物的便捷性。此外，便利店以其超长的营业时间（通常为 16 小时至 24 小时不间断）与高效的服务速度而著称，顾客能够在短时间内快速完成购物需求，平均在店内的停留时间仅为 5 分钟。这种便捷性和高效性使得便利店成为现代快节奏生活中不可或缺的一部分。这些特性为消费者带来便利性与服务，通过消费者的满意度与互动来创造企业价值。消费者越满意所得到的需求以及互动的程度越高，就会吸引更多的消费者，从而创造更多的价值，获取更多的利润。

【经典案例 1】　　　　　　见福便利店

它的总部见福连锁管理有限公司位于厦门，于 2006 年创立。它的零售形式以自助选择销售为主，核心目标在于满足顾客对便捷性的需求。它主要销售小容量、应急性的食品、生鲜食品、非处方药品以及日常生活用品，并提供一系列便民的商品性服务。通过这种方式，见福成功地打造了一种以满足顾客即时需求为主要目标的零售业态。见福便利店经过多年的稳健发展与积累，已经跻身中国便利店前 100 的行列。根据中国连锁经营协会（CCFA）发布的“2023 中国便利店 TOP100”榜单，见福排名第 12 位，并在福建省内便利店中排名第一。当前，见福已拥有近2000家门店，主要扎根于福建省，同时也在江西和四川两省有所布局，旗下员工总数接近万人。

【典型案例2】　　　　天天洗衣

创立之初，天天洗衣主要是一家提供传统洗衣服务的门店。现在，随着时代的变迁和技术的进步，天天洗衣自主研发了先进的信息化系统，更拓展了多元化的便民服务。如今，顾客在享受快捷洗衣服务的同时，还能免费体验一系列增值服务，如羊城通余额充值、手机话费空中充值、积分兑换、环保食品代购、快递代收以及账单还款等，日常需求得到了全方位的满足。除了以上提到的服务外，天天洗衣还创新推出了奢侈品清洁与护理的专项服务。在广州地铁1、2、3号线的主要站点周边，人们都能轻易发现其门店。不仅如此，天天洗衣更是积极深入社区。目前，其在广州地区已拥有超过150家门店，为广大市民提供便捷的洗衣及相关服务。

通过以上两个案例可以发现该类业态形式主要具有以下特征。

（一）服务体系很关键

如今的消费者在消费过程中除了关注商品本身之外，还会关注服务过程的质量和服务所带来的感觉。针对这个趋势，服务型的零售企业不断完善其服务体系，从而形成了现代性的、新兴的服务体系。完善的服务体系为零售企业带来很多具有增值性的东西，也就拥有了更好的竞争资本。这个服务体系包括：产品或服务的合理性、顾客消费时的感觉、购物的便利性、交易的便捷性、服务是否周全、销售员的态度、解决问题的效率以及物流的质量和效率等。在这样的服务体系下，如何服务好顾客是该类企业开展一切业务的中心，通过提供比其他零售企业更好的服务质量，从而留住消费者，提高销售量。

（二）服务连锁效应大

该业态模式下的零售商针对不同的消费者提供免费的优质服务，免费服务便会带来庞大的消费群体，这就叫服务连锁反应。在服务连锁效应下，消费者越来越多，而消费者又不可能只是单纯地体验服务，必然会购买他们所需要的商品，从而带动了产品销量，还能延伸出更多的增值业务。当然，服务连锁效应有多大，就取决于零售企业如何运用以及提供怎样的免费服务。

（三）服务的配套性稳定

这种零售业业态模式不同于传统零售商经营的地方在于，传统的零售商家在包装食品、百货、洗化类等商品上缺乏创新，店铺间的经营模式千篇一律，缺乏独特卖点。而连锁便利店以其独特的生鲜元素为亮点，打造健康、新鲜、便捷以及精致小巧的品牌特色并以此作为卖点，这种特色化的经营策略不仅增强了市场竞争力，也有效提升了库存的周转效率。除此之外，连锁便利店利用其位于居民区周边的地理优势打造了一个独立的社区服务空间，为居民们提供一系列便捷服务，如代缴水电费、物业费、电话费，邮件收发以及网上代购等。这些服务不仅填补了传统零售超市和大型综合体的服务空白，更精准满足了现代顾客日常生活的实际需求。

三、信息主导型业态模式

在这类业态模式中，企业用现代信息互联网技术构建以网络平台为基础的销售市场，从而通过网络平台销售产品；或者是引进各个零售商让其在这个平台上开一个虚拟的店铺。中国互联网络信息中心的统计数据显示，截至 2023 年 12 月，我国网民规模达 10.92 亿人，较 2022 年 12 月新增网民 2480 万人，互联网普及率达 77.5%。随着互联网普及程度的加深，我国零售消费结构持续优化，新兴的网络零售业态也呈现出蓬勃发展的态势。中国连锁经营协会联合德勤发布 2023 中国网络零售 Top 100 榜单显示，本次网络零售 top100 企业总销售额超 2 万亿元，同比增长 13.19%，前三甲分别为京东、阿里、唯品会。2023 年，随着扩内需促消费政策的实施，网络零售的持续发展势头强劲。中国全年的网上零售额达到了 15.42 万亿元，实现了 11% 的增长，已连续十一年领先全球网络零售市场；实物商品网零占社零比重增至27.6%，创历史新高；绿色、健康、智能、“国潮”商品备受青睐，国产品牌销售额占重点监测品牌比重超过65%。得益于信息技术的进步和“互联网+”所带来的经营方式改变，网络零售业开启了互联网时代的快速发展模式。这样，消费者就可以在任何有网络的地方在网页上浏览他们所想要的商品。目前这样的平台主要是购物类的平台，而其他的平台还处于快速发展中。

【典型案例】　天猫商城

它的定位为综合性购物网站，盈利模式为平台型的盈利模式，由阿里巴巴集团创立。自推出以来，天猫商城已发展成为日益成熟的中国消费者选购商品的目的地，它集合了上千家的品牌商、制造商与销售商，提供了全面、便捷的“一站式”解决方案，同时满足了各大商家与顾客之间的需求。并且，它在向消费者提供丰富时尚保障性商品的同时，给出多种价格方案，因此吸引了海量顾客的光顾。如此形成良性循环，吸引更多有实力的时尚潮流品牌入驻，分享天猫商城海量的客流量，实现销售额和利润额的增加，这些商品也会进一步增加天猫商城的客流量。

通过案例可以发现该类商业模式主要具有以下特征。

（一）信息全面，信息呈现对称性

在传统商店里，顾客了解商品信息只能通过商品包装上少量的信息，还不能了解其他顾客买过该商品的评价信息和交易情况，信息呈现出严重的不对称。而在信息模式（信息主导型商业模式的简称）下，互联网使信息沟通变得快捷，消费者可以在网络平台上了解到商品的全部信息、该商品的评价以及商品的交易情况，这就大大削减了信息不对称的情况，也使得交易双方的掌握信息的能力呈现出平衡性。

（二）商品流通速度加快并呈现跨越式发展

早期的实体零售企业因缺乏信息技术和现代管理技术的深度应用，使得商品流通缓慢，从而导致整体交易效率普遍不高。商品流通一直承担着匹配消费品供求信息和传输实物商品的双重功能，而在信息模式下，交易效率大大提升，商品流通速度不断变快，这就意味着降低了处理信息的成本和运输储存实物的成本。在既定条件下，信息技术和网络平台也就成为提升整体交易效率的源动力。在数字化时代，互联网流通体系凭借其独特优势，能够高效利用信息生产要素的增值潜力，实现消费者需求与后端生产供应信息的即时、动态匹配。因此，商品流通可以借助网络信息平台使跨越式发展得以实现。

第二节 零售行业业态分布格局

在全球化的今天，零售业正经历着一场变革浪潮。而在多种复杂因素的交织作用下，中国成为这场变革重要的参与者。传统实体零售模式相对滞后，电子商务的增长势头逐渐放缓，同时新兴科技力量不断注入，以及国内居民消费需求日益精细化和多样化，这些因素共同促使中国成为全球零售业变革的“前沿阵地”之一。1990～2010 年，消费者对高效、便捷的“一站式”购物需求逐渐增长，商超业态迎来了蓬勃的发展机遇。在这一趋势下，百货与超市企业积极适应市场需求，通过优化资源配置和提升运营效率，初步构建起了市场化流通供应链体系，以满足消费者多元化的购物需求。2002～2010 年，传统杂货铺的市场份额逐渐缩减，相应地，商超及专业店等零售渠道则逐渐崛起，其市场份额逐渐扩大。2003 年，淘宝这一在线购物平台的诞生，为消费者带来了前所未有的购物体验。它不仅满足了消费者对于购物便捷性、经济性和多样性的追求，还通过供应链优化，实现了更为高效和扁平化的运营模式，从而极大地推动了网购市场的迅猛增长。随着新时代的到来，消费趋势已逐步转向对高品质商品与卓越购物体验的极致追求。当前，新零售创新的重点正聚焦于解决消费者的需求痛点，而科技则成为推动流通效率提升的关键力量。连锁零售模式经过多年的发展与沉淀，已稳固地占据我国零售业的核心地位，而大型超市与百货商场则是连锁经营的主导模式。

一、零售行业业态发展现状分析

中研普华产业研究院发布的《2023～2028年中国零售行业市场前瞻与未来投资战略分析报告》显示，20世纪是零售业经营方式革新发展的变革时期。20世纪30年代初期，专业化的百货商店和超级市场开始崭露头角，以其大型规模和优质服务赢得市场认可。进入50年代，消费者购物需求日益多元化，购物中心逐渐崭露头角，集百货店、超级市场、餐饮和娱乐等多功能于一体。60年代，为了降低成本、扩大规模效益并提升市场竞争力，连锁商店作为一种新的商业模式应运而生。到了70年代，面对经济“滞胀”的挑战，仓储商店凭借其价格优势赢得了消费者的喜爱。而进入80年代以来，随着新技术革命的推动，特别是网络通信技术的飞速发展，新型的电子购物方式如最初的邮购、电视购物到现在的网上购物等逐渐兴起，为消费者带来了全新的购物体验。

在零售业日趋激烈的竞争格局中，行业内部逐渐显现出两极分化的态势。这种分化表现为市场集中度逐渐提升，其中少数大型连锁企业凭借其强大的市场影响力，逐步掌控了零售市场中更为庞大的份额。例如，作为世界500强公司，沃尔玛（Walmart Inc.）公布，截至2024年1月底，财年总营收为6481亿美元，这在世界经济中占据了重大份额。另外，部分零售企业正往专业化经营方向发展。它们选择以专营店的形式，专注于提供差异化、个性化的服务，在商品经营上实现从“全面覆盖”到“专注精品”的转变。

二、零售业业态发展新趋势

（一）实现场景多元化

在零售变革浪潮中，一个新的概念——“自零售”正逐渐崭露头角。它借助人与互联网技术的深度融合，依靠人与人之间的关系网络，促使商品信息和用户评价得以快速在网络传播，从而有效推动商品的销售。在自零售的过程中，“去中心化”的组织结构应运而生。每个人都有属于自己的社交圈，这些圈子成为商品传播的桥梁。人天生有渴望被关注和关注他人的心理，消费者一般会主动分享自己感兴趣的商品或信息，以此获得他人的认可和信任，而商品也因此形成了口碑效应。在消费者至上的时代，消费趋势正朝着个性化和层级化方向发展。消费者的消费观念已从追求实用性转向追求个人现实主义，购物不再仅仅是满足物质和精神需求，更是一次展示个性、构建层次、彰显个人价值与魅力的过程。消费者对平庸、普通的商品好感下降，转而青睐具有独特性、可量身定制的商品。他们对商品的关注从实惠、性价比等共同特征，正逐步向个性化特质，如注重美学设计、赋予独特价值标签等，这无疑给传统零售商品的供应带来了挑战，同时也为创新提供了新的机遇。

随着市场需求的日趋多样化，未来零售业商业模式将以消费者需求的多元性为核心，实现多元化的场景化发展。首先，个性化定制的信息账户逐渐成为满足消费者需求的关键工具。这一创新模式的产生，无疑是新零售领域的一大进步。它标志着消费者在传统购物环境中的身份正在发生深刻变化，零售企业和平台因此愈发聚焦于拥有明确购买意向和强大消费能力的特定客户群体，而非简单地将营销资源均匀分配给所有消费者以提升整体消费体验。其次，过去在传统零售模式下，由于客户群体相对集中，商超往往能够维持稳定的客流量。但随着经济条件的改善，个人需求变得愈发多元化，普适性商品已难以满足个性化消费者的需求，进而导致了消费群体的分散。智能应用凭借其强大的功能，使原本分散的消费者群体得以实现消费场景集中化。而新零售的崛起，也正是基于对不同消费者价值参与能力的重视，将消费者置于消费活动的核心地位。在这一市场演进过程中，消费者的个性特征、兴趣偏好以及消费倾向等标识，成为零售企业扩大目标客群的考量因素。鉴于此，部分电商平台或新零售业态为实现更精准的市场覆盖目标，开始借助智能化技术，实现对分散消费群体消费行为的整合与集中。

（二）实现线上线下物流整合

基于场景的消费更准确地把握销售时机，满足顾客未来的消费需求，这也是新零售发展的主要方向。随着消费的升级，个性化需求和基于场景的体验将成为“新零售”的核心要素。消费者更愿意为良好的体验、舒适的环境、共鸣的情感和准确优质的服务付费。消费过程需要一个载体，在一个完整的闭环中承载内容和服务。例如，阿里巴巴以大股东战略进入银泰业务，开通百货专线全渠道整合。2018 年年初，阿里巴巴收购了大型连锁超市欧尚超市，并与零售巨头安百里集团签署了长期战略协议。

（三）实现零售业态布局协同化

在智能与互联网交织的时代背景下，零售商业组织展现出显著的差异性。虽然互联网能迅速连接广袤的顾客群体、繁杂的产品线以及多样化的消费环境，但在促进各方高效协同方面，依旧面临诸多挑战。智能商业的协同运作，是建立在“3 个 I”的基础上，即全面的感知、紧密的互联与智能的决策。

感知层面，零售业的革新依赖于具备场景及空间洞察力的智能技术，这些技术使场景管理更趋数据化。因此，零售业的数据分析能够广泛覆盖多个领域，并可根据不同产业和行业的特定需求，进行定制化的应用与发展。以优衣库（UNIQLO）为例，作为国际知名的快时尚品牌，它一直以来都秉持着技术创新的理念。通过建立全球统一的电商平台，优衣库实现了线上线下的无缝对接。顾客可以通过线上渠道浏览商品、下单购买，同时可以选择线下门店试穿、退换货。这种一体化的经营模式，不仅为消费者提供了更加便捷、灵活的购物体验，也为优衣库赢得了更多消费者的青睐和忠诚度。在此基础上，优衣库运用了大数据和人工智能技术，对消费者的购物行为和偏好进行感知并深入分析，实现精准营销和个性化推荐。

互联层面，零售业的未来商业模式演变将更加紧贴“互联互通”的理念。在多样化的消费场景内，数据将被更加高效地共享，以此推动各方协同合作，实现更高层次的共创价值。这一变化不仅是零售行业的创新，也预示了其未来的发展将更加趋于互联化。在第四次零售革命初期，电子商务的互联潜力尚未充分展现，尤其是与传统零售在物理空间与运营时间上的联动显得薄弱。但是从长远看，随着第三方应用和先进数据库的成熟，零售业将形成一个更加完善的生态系统。在这一体系中，消费者不仅与线下商超实现无缝对接，商超也能与供应商、智能技术无缝互联。智能技术的广泛运用将极大提升零售营销的整体协同效率。

智能层面，以精准需求为核心驱动的智能零售系统，将有效促进零售精准度的提升，优化商品与信息在流通链条中的匹配度。例如，智能系统能够精准规划配送路径，避开拥堵区域，进行顾客需求识别并优先配送，以此实现库存、配送和零售环节的高效协同。随着智能化技术的不断发展，智能设备的应用将日臻完善，推动整个零售网络的全面优化。

第三节　零售行业业态竞争类型

国家内贸局在《零售业态分类规范意见》中，将中国零售业商店分类确定为 8 类：百货店、超级市场、大型综合超市、便利店、仓储式商场、专业店、专卖店、购物中心。

一、百货商店

当前，中国百货零售市场的发展趋势倾向于规模扩张、集团运作、多元运营，并不断向新兴业态拓展。

（一）行业业态式微

2013 年至疫情前，零售行业规模增量动力趋弱，进入存量转型阶段。社会消费品零售总额增速不断下降，实体零售扩张规模逐渐放缓。传统百货由于商品同质性强、场景单一缺乏吸引力，叠加购物中心、网购等分流效应显著，行业业态式微，开始供给出清。国家统计局数据统计，百货门店总数从2017年后大幅缩减，2017年有6148家，到2022年缩减至4559家。部分百货巨头主动缩减百货业务发展，向购物中心奥莱转型，构建沉浸式场景等谋求自救。

（二）不同商业业态争夺市场份额

不同商业形态凭借各自鲜明特色吸引顾客，竞相争夺市场份额。1999年，中国零售业50强中，有9家大型百货店增长乏力，均呈负增长态势；而在前10强中，超市占据半壁江山，改变了百货店长期占据主导地位的格局。此外，与传统百货店相似的集体商业，其市场份额也呈现出下滑的趋势。

（三）市场缺乏热点商品

随着城乡居民收入的提升，消费者的生活需求已得到基本满足，但更高层次的购买力仍有待激发。目前，对高档次、享受型及发展型商品的需求尚不稳定，且消费者购买力正通过多渠道分散，导致商品消费需求在近年呈现逐渐放缓的趋势。因此，消费品市场难以形成显著的消费热点。

二、连锁超级市场

（一）分布范围广、发展速度快

连锁超市业已成为商业领域最具活力的业态之一。近年来，该行业蓬勃发展，竞争激烈，已逐步迈入资本驱动下的规模化经营阶段。目前，广东美佳超市、深圳万佳百货、上海华联、北京伍富连锁、福建华榕连锁等一批企业，已在全国范围内形成颇具规模的连锁超市网络。过去几年，超市虽一直在布局线上业务，但疫情的推动使消费者购物习惯更加迅速地向线上转移。面对这一趋势，各大超市纷纷加大力度，进一步拓展线上服务，包括线上购物、直播销售、社区团购等多种形式，多个企业的线上业务实现了显著增长。随着大卖场市场竞争日益激烈，部分超市开始注重发展细分领域。例如，以生鲜商品为核心竞争力的盒马鲜生，它以生鲜电商和实体门店相结合的方式运营。通过运用大数据、人工智能等技术手段，盒马实现了智能库存管理、智能配送等功能，确保商品从产地到门店的快速流通。消费者可以通过手机 App 或门店进行购物，享受便捷的购物体验。因此，盒马鲜生的门店得到了快速扩张，现已在 27 个城市设立了超过 300 家门店，广泛布局，涵盖了从北京、上海、广州、深圳等一线城市到众多具有潜力的二三线城市。

（二）进入整合时期

连锁超市企业正逐步展现其强大的规模效应，持续扩大市场份额。较为显著的是，企业规模的迅速增长，体现在连锁企业间的紧密合作、兼并整合活动日益频繁，以及企业并购步伐的加快。这些并购举措促进了企业网络的扩张，也实现了资本的快速增长，连锁超市行业正逐步迈入资本驱动的新时代。同国外的连锁超市企业相比，中国的连锁超市企业规模相对偏小。连锁超市企业当前正专注于通过国有网点的连锁化改造和升级，同时利用租赁、购置和新建等方式在空间上进行拓展，这些策略均依赖于单一的资本注入。但是，要真正打造内资连锁超市的“旗舰”，须转变思路，采用联合、兼并、收购及加盟等多元化策略，突破行业与地域的界限，构建出运营规模庞大、竞争力强劲的大型连锁超市企业。

（三）外资进入速度加快

鉴于中国商业领域的显著增长潜力，众多的国际超市巨头纷至沓来，他们不仅加大了在华的投资规模，而且取得了显著的经济效益。据沃尔玛公司发布 2024 财年第四季度（2023 年 11 月 1 日至 2024 年 1 月 31 日）财务业绩，具体到中国市场业务，第四季度沃尔玛集团中国市场的净销售额同比增长 11. 3% 至 40 亿美元（约合人民币 287. 8 亿元），与沃尔玛全球整体业绩增速相比，中国市场的增速强劲。过去几个财年，沃尔玛在财报中多番表扬中国市场的贡献度，尤其是山姆中国和电商业务的快速增长对其国际业务的拉动。

三、仓储式商场

中国市场仓储会员超市目前仍处于发展初期，但在多方市场力量的共同推动下，展现出持续增长的态势。仓储商场的扩展策略以广东省为起点，逐步覆盖全国重要城市如北京、上海，进而覆盖各大省会及工商业核心地带。国际仓储巨头纷纷进驻中国市场，既为本土仓储商场提供了发展的参考模板，也加剧了业内的竞争态势。中国的仓储商场逐步迈向更为规范化的发展方向，众多企业开始重视人才培养和内部运营管理的规范化。仓储商场正逐步从单店模式转型为连锁运营模式，以寻求更大规模的经济效益。例如，会员制商超麦德龙品牌自 1996 年进入中国，在上海开设第一家商场，迄今为止足迹已遍布中国 60 多个城市，拥有 100 多家门店，服务超过 2000 万家庭和 20 万企业会员。当下为单店运营模式的多家仓储式商场，也计划向连锁运营方向发展。

中国仓储式商场的优势主要表现如下。

（一）中低档次定位

在当前中国市场中，一部分消费者消费水平相对有限，仓储式商场凭借其精准的市场定位，有效契合了这部分消费者的实际需求。同时，商场还提供了一系列便民服务，这些举措深受消费者喜爱，使其在市场上获得了广泛的认可。

（二）实行会员制与自主购物

会员制度成功吸引了高收入、高消费，且对优惠活动敏感的消费者，通过奖励机制将他们转化为忠实会员，形成稳定的顾客群。同时，会员制度为商家提供了进行市场分析的便利，帮助商家洞察消费趋势，进而制订更有针对性的营销策略。随着消费者自主购物意愿的增强，他们越来越倾向于独立决策，减少对销售人员的依赖。仓储式商场以其独特的经营模式，满足了这种消费心理的转变。

（三）实行 PB 战略

自有品牌（简称 PB）是零售企业自主策划并开发的商品，它们均贴有企业专属商标。实施 PB 战略具有显著优势：一是通过精简流通环节，降低流通成本，通常 PB 商品的定价相比同类生产厂商产品低 20% ~30%；二是建立以零售企业为核心的生产体系，缩短消费者与生产商之间的距离，从而更直接、迅速地满足消费者的需求；三是 PB 战略有助于提升企业的品牌声誉，增加无形资产，进而增强整体竞争力，包括在与供应商间的较量中占据优势。

四、专业店

专业店的发展态势显著，主要体现在以下方面：一是增长势头强劲，总量显著上升；二是专业化程度不断提高，细分化趋势明显；三是运营模式的多样化。特别是在大城市中，专业店的发展势头强劲，如今已与综合百货商场、超市共同成为当今商业领域的三大支柱。他们凭借价格优势、专业的服务以及连锁运营等策略，迅速占据了市场的一部分份额，但是也面临人才短缺、运营管理水平滞后以及规模扩张受限等挑战。

五、便利店

近几年，便利店在实体零售领域发展迅速，店铺规模虽小，但通过它可以直观感受到一个城市的便捷程度和服务业繁荣程度。根据中国连锁经营协会（CCFA）发布的《2023 中国便利店 TOP100》榜单，2023 年 TOP10 便利店的总门店数达 115741 家，较 2022 年的 109485 家增长 6256 家，增速 5.71%。尽管前 10 名不完全反映整体行业，但与国际便利店发展趋势相符。美宜佳作为领先者，2023 年门店数达 33848 家，较 2022 年的 30008 家增长 3840 家，日均增加 10.5 家。若按此增速持续，美宜佳预计 2025 年底门店数将突破 40000 家。国际经验表明，人均 GDP 达 1 万美元时，便利店就进入快速发展期；当达 1.5 万 ~ 2.5 万美元时，就进入成熟期，市场集中度提高。国家统计局数据显示，我国人均 GDP 已于 2019 年超过 1 万美元。另外，尽管我国便利店总数超过 30 万家，但单店覆盖人口率仍低。综上所述，便利店行业在中国仍有巨大的增长潜力和空间。

六、其他业态

近年来，国内大型城市掀起了购物中心建设的热潮，其规模在 5 万平方米至 20 万平方米。这些购物中心通常采用综合业态设计，集娱乐、餐饮、服务以及休闲购物等多种功能于一体，为市民提供了丰富多样的消费体验。据中国连锁经营协会的最新数据，截至 2022 年年末，全国范围内超过 30000 平方米的购物中心存量已逼近 6700 个。但在 2022 年，购物中心市场的整体开发与扩张速度略显迟滞，全年新开业购物中心共计 366 个。

除了以上的主流商业模式外，基于网络技术采取无店铺经营模式的线上购物平台，在我国同样呈现出迅猛的发展势头。

第六章　零售行业流通渠道类型

研究零售行业流通渠道类型，首先需要了解什么是流通渠道。流通渠道可以被理解为是商品向消费者流转的媒介，是商品在形态转变过程中，从生产阶段顺利过渡到消费阶段的一系列组织化的环节集合。这些环节确保了商品能够有序、高效地从生产者流向消费者。在时间节约规律的作用下，直接、间接流通渠道都有其存在的客观必然性，并在协调产需矛盾上发挥各自的独特作用。纪宝成、谢莉娟（2018）指出，零售流通渠道与进行商品经营活动的商品所有者，构成了商品向消费领域运动的载体，这其中包括第一流通当事人商品生产者以及批发商、零售商等其他的后续流通当事人。因此，零售流通渠道指的是由那些参与商品交换活动，共同促进商品在价值形态变换（如 W－G 和 G－W 的转换）中，从生产领域顺利过渡到消费领域的商品所有者组成的组织序列。这一渠道确保了商品在流通中的顺畅性和高效性。在这其中所涉及的商品所有者，也称其为“渠道成员”。需要说明的是，由于消费者并非商品所有者，且一旦商品进入消费者手中就已不再是商品，消费者没有，也不必直接推动商品向前运动，因此消费者并非严格意义上的渠道成员。事实上，每一次商品买卖活动都伴随着商品所有权的变化，因此也可将其称为一个商品经营或商品流通环节。从这一视角审视，零售流通渠道的本质在于商品在形态转换过程中，从生产到消费所需经历的流通环节的连续组织序列。这一序列确保了商品顺畅地从生产领域流转至消费领域。黄新生、袁雪平（2023）认为所谓零售流通渠道是指商品从生产领域向消费者转移过程中的实物的合理流向以及由此体现的各环节、各有利害关系的单位或个人的利益关系的综合反映。生产厂家的设置，流通企业所有制形式，规模、结构等都必须以商品合理的流向为转移。

零售企业以最接近顾客的优势在商品流通中一直居于十分重要的战略地位。国外有学者指出“企业如果抓住终端渠道，就等于抓住了顾客”。长期以来，终端渠道成为商品流通过程中“必争之地”。在零售行业日趋完善之际，企业对零售流通渠道的关注也日益加深，旨在通过优化渠道降低流通成本，构筑企业的核心竞争力。鉴于零售商品在开发、构成和规模上的多样性，必须根据商品自身的特点，审慎选择高效且适合的流通渠道类型。

第一节　零售流通渠道特征、作用与分类

零售流通渠道在商品流通体系中具有不可或缺的地位和作用。了解零售渠道的特征、作用和种类形式，对于优化供应链结构、提升消费者购物体验以及推动经济发展都具有重要意义。基于此，本章对其在商品流通体系中的核心地位进行主要探讨，详细阐述其显著特征、重要作用以及多样化的种类形式。

一、零售流通渠道的特征

零售流通渠道特性鲜明，功能独特：其一，零售渠道是商品流通的最后一环，直接面向消费者，完成了商品从生产到消费的最终转移；其二，零售渠道以消费者为中心，致力于满足消费者的多样化需求；其三，零售渠道通过个量销售的方式，实现了高频次的商品交易，为市场注入了活力。

（一）零售渠道处于流通领域的终极环节

零售渠道位于商品流通链条的终端，即商品从生产者、批发商或代理商传递到消费者的最终环节。一旦商品通过零售渠道被消费者购买，表示这些商品正式退出流通领域，进入消费领域。超市是零售渠道的其中一种形式，也是商品流通的终点。消费者在超市购买商品后，这些商品便不再

参与流通，而是直接进入消费者的生活中使用或消费。超市出售的新鲜蔬菜和水果，在被顾客选购回家后，就退出了流通环节，成为消费者餐桌上的食材。

（二）零售渠道的服务对象是消费者

零售渠道的主要服务对象是消费者，消费者购买商品的主要目的是满足个人或家庭的生活需求。零售渠道与批发渠道最大的区别是它更注重满足消费者的个性化需求，提供多样化的商品选择。电商平台如淘宝、京东等，作为新型的零售渠道，通过线上销售渠道，直接向消费者提供各类商品。这些平台不仅提供了丰富的商品选择，还通过个性化推荐、客服咨询等服务，更好地满足了消费者的需求。例如，消费者在京东平台上购买一台电视机，那么这台电视机就是通过零售渠道直接服务于该消费者。

（三）零售渠道一般从事个量销售

零售渠道通常进行的是个量销售，它所销售的商品数量相对较少，但品种多样，销售频率高。这与零售渠道的主要服务对象——最终消费者密切相关，消费者购买商品是为了满足日常生活需求，因此每次购买的商品数量有限。便利店是一种典型的零售渠道，它销售的商品种类繁多，但每种商品的数量都相对较少。消费者可以在便利店中购买到零食、饮料、日用品等各种商品，但每次购买的数量通常不多。由于便利店通常位于居民区或商业区等人流密集的地方，因此销售频率非常高。附近居民经常在回家的路上顺便到便利店购买一瓶饮料或一包零食，这就是典型的个量销售。

二、零售流通渠道的作用

零售流通渠道在现代经济体系中扮演着至关重要的角色，它的作用不仅体现在连接生产、批发与消费的桥梁上，更在满足消费者需求、促进社会生产力发展以及实现商品价值等方面发挥着不可替代的作用。

（一）搭建有效沟通的桥梁

零售流通渠道作为商品流通的终端环节，是生产、批发与消费之间的重要纽带。它直接面向消费者，将生产商和批发商的产品传递给最终消费者。同时，它也将消费者的需求和反馈传递给上游供应链。这种双向的信息流通不仅有助于生产商和批发商更好地了解市场需求，调整生产和供应策略，也有助于消费者获取更多元、更符合自己需求的商品。大型连锁超市如沃尔玛，通过与生产商和批发商建立紧密的合作关系，不仅为消费者提供了丰富多样的商品选择，还利用大数据分析等前沿技术，更加精确地捕捉并满足消费者的实际需求，实现供需双方的高效对接。

（二）满足消费者需求

零售流通渠道以消费者为中心，致力于满足消费者的多样化需求。它凭借广泛的覆盖面和灵活的经营方式，为消费者提供了便捷、多样的购物选择。无论是日用品、食品还是电子产品、图书等，消费者都可以在零售渠道中找到满足自己需求的商品。同时，零售渠道还通过提供优质的客户服务、营造舒适的购物环境等方式，提升消费者的购物体验。电商平台如淘宝、京东等，凭借丰富的商品种类、便捷的购物流程和优质的售后服务，满足了消费者对于购物便捷性、多样性和个性化的需求。

（三）促进社会生产力发展

零售流通渠道以高效的库存周转与迅速销售为核心，实现了资金的快速回流，有效支撑了工商业生产的稳定发展。零售商通过销售商品，将消费者的货币转化为可用于再生产的资金，促进了社会资金的良性循环。同时，零售渠道还为生产商和批发商提供了重要的市场信息，有助于他们更好地把握市场趋势，制订科学的生产和供应计划。例如，服装品牌优衣库通过零售渠道收集消费者对于款式、颜色等方面的反馈，及时调整生产计划和供应链策略，以满足市场需求并提升品牌影响力。

（四）实现商品“惊险跳跃”

在商品流通链中，零售商扮演着终端销售的关键角色，负责实现商品的价值转化。商品只有经过零售环节，才能成功转化为货币，完成从生产到消费的完整循环。因此，零售商的销售能力和服务水平直接关系到商品能否实现其价值。例如，苹果公司的 iPhone 手机虽然具有卓越的性能和设计，但如果没有强大的零售渠道支持，也很难实现其市场价值和品牌影响力。苹果通过自营零售店、合作伙伴和电商平台等多渠道方式，为消费者提供了便捷、高效的购买体验，成功实现了 iPhone 手机的“惊险跳跃”。

三、零售渠道的种类形式

零售商具有多样性，其数量众多、形式与规模各不相同，难以统一标准分类。以下试从不同角度分析零售渠道的类型。

（一）产品线

1. 专业零售点

专业零售点专注于某一领域，提供深度且全面的产品线，尤其在金融领域，它们经营特定金融产品，展现了高度的专业性。随着金融市场的日益细分化和金融产品的专门化趋势，这类专业零售点预计会快速增多。专业零售点能够深入剖析目标市场的特定需求，确保金融产品的规格全面覆盖，让消费者能够挑选到满意的产品。同时，这些零售点的经营者具备丰富的专业知识和操作技巧，能够提供全方位的销售服务，满足客户的各种需求。

2. 综合零售点

综合零售点以其较大的规模与广泛的经营范围，涵盖了多个金融产品线。这些产品线在内部实行独立管理，确保顾客能享受到丰富且质优的金融产品以及周到的设施服务，从而满足各类消费者的不同需求。

3. 便利零售点

便利零售点是一种小型且贴近居民生活的零售网点，通常设立在居民区附近。这类网点专注于提供快捷、方便的金融产品，虽然品种有限，但因其营业时间长，且节假日不休，为顾客带来了诸多便利。凭借优越的地理位置，便利零售点成功与大型零售点展开竞争。需注意的是，这些零售点必须位于顾客住宅、办公室、车站等便利场所的周边，确保服务的即时性与便捷性。

（二）基本经营方式

1. 邮购与电话订购

邮购与电话订购作为零售方式，其主要形式包括：向目标顾客寄送金融产品目录、利用广告邮售或电话售货、直接通过信函进行推销，以及电话电视推销。鉴于电子通讯技术的飞速发展，在此基础上升级的“居家购物”模式将引领金融产品零售业未来的发展趋势。

2. 自动机器售货

这种方式为消费者带来了显著便利，但其营销成本较为昂贵，因此自动机器销售的金融产品价格也相对较高。

（三）所有权关系

1. 连锁零售点

在同一所有者的集中控制下，形成的集团统一命名、统一管理，通过联合运营和集中采购，得以实现规模经济效益。需注意的是，若权力过度集中，可能导致各零售点灵活性与应变能力的降低。因此，连锁零售网点的各分支点需要保持一定的自主经营权，以便因地制宜地进行经营。

2. 自愿连锁和零售商合作组织

在连锁零售店的激烈竞争下，独立零售店形成了两种协作形式。一种是依托批发商力量，形成统一采购的联盟；另一种是独立零售商基于共同利益和自愿原则构建的采购联合体。与连锁零售店有所区别的是，这两种协作形式均保持着各自独立的所有权结构。

3. 零售集团

这是一种多元化经营的垄断组织，通常由一个控股公司统领，其业务范围涵盖多个零售点，包括各种金融产品的经营。

（四）零售网点的集散程度

1. 中心零售点

传统的零售网点在城市布局上通常采用一个或多个集中区域的方式，服务全市范围。在经济高度发展的国家中，越来越多的富裕人群选择移居到城市的郊区地带，为迎合这一趋势并满足郊区居民的需求，原本位于市中心的零售点也逐渐在郊区设立新的服务点。

2. 区域性零售中心

零售中心服务约十万至一百万的人口，顾客车程均在三十分钟以内。其拥有统一的规划与管理体系，以及现代化的建筑风格。其服务细致入微，为顾客提供了极大的便利。

3. 居民区零售中心

服务区域涵盖人口 2 万 ~ 10 万人，服务范围不超过 1 公里，确保居民能便捷享受服务。

第二节　零售流通渠道建立影响因素

零售流通渠道的建立是一个多维度、复杂且综合性的过程，受到多种因素的共同影响。这些因素主要包括商品特性、市场需求、竞争者态势、制造商合作以及周遭环境等。商品特性决定了零售渠道的建立的基本框架和定位，而市场需求则是渠道策略制定的出发点。同时，竞争者的渠道策略和表现，以及制造商的合作意愿和能力，都会对零售渠道的构建产生深远影响。此外，宏观环境如政策、经济、社会和技术等方面的变化，也会间接或直接地作用于零售流通渠道的建立。在建设零售流通渠道时，需要全面考虑这些影响因素，进行深入的市场调研和分析，制定出科学合理的渠道策略，以确保零售业务的稳健发展。

一、商品因素

在零售流通渠道建立的过程中，商品特性是不可忽视的重要影响因素之一。商品的价值大小、产品数量与体积、时尚性以及重量、市场寿命周期和新产品上市等因素，都会直接或间接地影响零售渠道的选择和布局。

价值考量：商品单价越低，通常营销渠道越广泛且路线更延伸；反之，单价高昂则倾向于短渠道与少渠道。

体积与重量：对于体积庞大或重量显著的商品，推荐采用直接或简化的间接渠道，以减少物流复杂性。

时尚流行：时尚款式更新迅速的商品，更适合直接营销渠道，确保及时上市并减少过时风险。

产品数量：大量生产的产品，常通过中间商扩大销售网络，覆盖更广泛的市场。

技术与服务：技术性强或需要频繁维护的商品，建议采用短渠道，确保服务及时与高效。

市场寿命：根据产品处于市场寿命的不同阶段，需要调整营销策略。如衰退期，应精简营销渠道以控制成本。

新品上市：为迅速将新产品推向市场，生产企业应直接面向消费者或通过现有渠道进行推广。

二、市场因素

潜在客户分布：当潜在客户广泛分布于较大市场范围时，应选择长渠道进行广泛推广。

消费者偏好：顾客的购买习惯，如价格敏感度、场所选择、服务需求等，均对分销策略产生直接影响。

市场地理特征：在国际市场集中区域，营销渠道结构可相对精简；而一般地区则沿袭传统批发零售模式。

商品季节性：季节性商品需要借助批发商力量，因此分销路线较长。

竞品策略：同类商品一般采用相似分销路线以迅速占领市场。

销售规模：大规模销售可直供客户，简化渠道；小规模销售则需要多次批发，导致渠道延长。进行市场研究时，商品用途与定位对渠道选择同样关键。

三、竞争者

正常情况下，制造商在分销策略上应注意与竞争者区分，避免直接沿用传统渠道。若竞争者已主导传统渠道，制造商应考虑开辟新颖的渠道或路径，以促进其产品推广。以连裤袜为例，这一产品原是为搭配“超短裙”而设计，在美国深受女性青睐。过去，连裤袜制造商通常选择百货商店和女装店作为销售渠道。而 L′eggs 牌的制造商却独辟蹊径，避开竞争激烈的领域，选择在超级市场推销其 L′eggs 牌连裤袜，结果大获成功。同样，美国雅芳（Avon）公司也研究出新颖的分销策略。他们不依赖于传统的分销渠道，而是选择避开竞争对手，训练年轻的销售人员挨家挨户推销化妆品，这一方式也取得了显著的成功，并且获得了丰厚的盈利。

另外，受消费者购买习惯的制约，一些产品制造商被迫选择与竞争者相同的销售渠道。举例来说，消费者在选购食品时倾向于比较不同品牌与价格，因此食品制造商必须将其产品陈列在销售竞品的零售商店中，这是迎合消费者需求而不得不采取的策略。考量消费习惯主要聚焦于消费者两方面的特性：其一，消费者对于各类消费品持有各异的购买倾向，这些倾向在很大程度上决定了分销渠道的选定。以便利性高的消费品为例，如香烟、打火机、肥皂、牙膏及糖果等日常用品以及报纸杂志等，消费者基数庞大且购买频率高，他们希望不受时间、地点等因素限制就能购买到这些商品。因此，制造商为迎合广大消费者的需求，常采取的策略是通过批发商和广泛的中小零售商网络进行分销，从而形成了“广泛且多层级”的分销渠道布局。然而，对于特殊消费品，如高端男西服和精品女装，消费者的购买模式则截然不同。他们更倾向于投入更多时间和精力，以精挑细选这些独特的商品。因此，特殊品的制造商，尤其是名牌产品制造商，通常选择通过少数精心挑选的零售商进行销售，甚至在一个地区仅通过一家零售商进行经销。这种分销模式使得特殊品的分销渠道呈现出“短而窄”的特点。其二，消费者购买行为通常表现为购买次数多但数量较小，形成一种高频低量的购买模式。相比之下，产业用户的购买行为则呈现出购买次数少但单次购买量大的特点，如设备可能数年才需要更新，制造商所需的原材料和零件则往往基于长期合同进行年度或数年的集中采购。这种差异决定了制造商更倾向于直接将产品供应给产业用户，而非直接面向消费者进行小批量多次销售，因为后者会增加额外的销售与管理成本，不利于成本控制和效率提升。

四、制造商

主要指制造商（公司）的以下情况如下。

（一）制造商或公司的产品组合

公司产品的组合体现在其“产品线”的多样性上。以日本三菱汽车公司为例，该公司拥有客车、小汽车、货车、摩托车四大产品线。进一步细化，每一产品线内部又涵盖了多个型号与规格。例如，在其客车产品线中，三菱汽车推出了MS牌大型客车（可容纳49人）、MK牌中型客车（可容纳33人）以及ROSA牌小型客车（可容纳26人），以满足不同市场需求。某公司“产品组合”的丰富程度体现了其“产品线”广度，而产品线内各产品型号规格的平均数量则反映了“产品组合”的深度。公司整体的“产品组合”情况就是由其产品线广度与产品型号的深度共同决定的，涵盖了该公司所有产品的种类和具体规格。这种“产品组合”的特性对分销渠道的选择有重大影响，是因为产销之间存在固有的矛盾。从制造商的角度看，他们倾向于进行大批量销售（假设产品为单价适中的日常消费品），因为频繁的小批量销售会增加成本，降低效率。而从零售商的角度看，除了少数大型零售商，多数中小零售商更倾向于多品种、小批量、勤进快销的进货模式。

因此，如果制造商的“产品组合”既广泛又深入（即产品种类和型号规格众多），他们可能更倾向于直接销售给各零售商，这种分销模式通常被称为“短而宽”的渠道。反之，如果制造商的“产品组合”较为有限（即产品种类和型号规格较少），他们则可能需要通过批发商和众多零售商进行多级分销，最终将产品传递给消费者，这种分销模式通常被描述为“长而宽”的渠道。

（二）制造商控制分销渠道的情况

为实现战略目标，制造商在策略层面常须确保市场零售价格的稳定。为此，他们可能选择强化销售队伍，采取直接销售策略，并选择较短的分销渠道。但这种策略的实施并非易事，它受到制造商的声誉、财务实力、运营管理能力等多因素的制约。

当制造商拥有卓越的产品质量、全球声誉、充足的资金以及丰富的销售运营经验时，他们就拥有充分的自主选择权，能够灵活地选择最适合的分销渠道和中间商，甚至构建自己的销售团队，实现产品直销，无须任何中间环节，这种分销模式被描述为“精简而专注”。然而，当制造商在财务上较为薄弱，或缺乏销售运营的经验和能力时，他们不得不依赖多个中间商来推广产品，这种分销模式则显得“广泛而冗长”。

五、环境因素

（一）环境因素

渠道结构与行为受多种复杂环境因素影响，这些因素可大致分为几类，如社会文化、经济状况和市场竞争等。

1. 社会文化环境

社会文化环境涵盖了特定国家或地区的思维观念、伦理准则、社会风尚、传统习俗、日常习惯、民族特色等多方面因素。这些概念与消费者的流行偏好以及所有与市场营销密切相关的社会行为紧密相连。

2. 经济环境

经济环境指一个国家或地区的经济体制与经济活动强度，其中涵盖了经济体系的效能与生产力水平。与此相关联的概念具体涉及人口布局、资源分配、经济波动周期、货币价值波动以及科技进步程度等。经济环境对分销渠道的构建具有显著影响，例如，生产集中化程度高且人口分布广泛时，分销渠道则倾向于较长。西方国家自助式食品销售超级市场的兴起，是以科技进步到特定阶段，消费者能够理解包装标识文字为基础的。若缺乏电视、报纸等大众传媒，以及缺乏现代包装和冷冻技术，收款机和其他自动化设备，超级市场的形成和发展将受限。在某些欠发达国家虽可以引入这些技术设备，但由于整体知识水平的局限，多数消费者会出现难以理解包装标识等问题，超级市场的普及也将因此变得困难。

3. 竞争环境

竞争环境指的是其他企业对某一分销渠道及其成员施加经济压力，这种压力可能导致渠道成员面临市场流失的风险。这种竞争环境对渠道内的行为会产生显著影响。面对竞争，渠道成员有两种主要策略：一是模仿竞争对手的业务模式，但需要超越其表现；二是采取与竞争对手截然不同的业务策略。例如，日本手表进入美国市场时，并未遵循欧美手表通过百货和珠宝商店的传统销售路径，而是选择了面向低收入阶层的杂货店和折扣店，最后取得了成功。同样，日本的小汽车、家用电器、照相机和复印机之所以能成功打入欧美市场，与其采取的“优先富足中间商”的渠道策略密切相关。

（二）环境对渠道行为的影响

环境对渠道行为的影响一般体现在三个方面。

1. 消费需求与社会行为变化

消费需求的波动以及社会行为模式的演变，是渠道行为最直接的影响因素。渠道成员需要保持敏锐的洞察力，从这些变动中捕捉市场的新机遇。通常，能够敏锐捕捉并把握这些机遇的企业，其经营表现都较为成功。改革开放以来，人们的服饰与妆扮观念已发生显著变化。部分企业抓住这一机遇，推出多样化服装和化妆品，从而成功占据市场。近年来，组合式家具逐渐取代传统家具，正是因为消费者对家具的需求偏好有所转变，家具行业也必须顺应这一变化，调整其经营策略。消费需求与社会行为的变动是一个逐步发展的过程，渠道成员应在这些变化尚处于量变阶段时，就把握时机，做出适应这些变化的经营决策。

2. 社会价值观念

社会环境中形成的价值观对渠道行为具有深远的影响。这些价值观所涵盖的思想观念、道德准则、社会习俗与风气，实际上体现了社会及广大消费者的共同意愿。因此，任何渠道成员在运营过程中都需要遵循这些价值观。道德行为准则作为社会价值观的核心组成部分，并不排斥追求利润，而是提供了判断获取利润途径是否正当的标尺。无论是生产商、零售商还是街头小贩，若其在经营活动中违背社会价值观，最终都将面临失败的命运。

3. 渠道成员的价值观念

当渠道成员的业务行为与社会价值观念相契合时，他们将赢得信誉，并因此占据市场份额。全球范围内，所有杰出的企业都视符合社会价值观的经营为建立信誉、达到成功的基石。在发达国家，大型企业的领导者始终恪守以下准则：将企业的整体利益置于个人利益之上；将社会责任置于企业责任之上，进而再将企业责任置于个人利益之上。在经营活动中，当个人利益与企业利益、企业利益与社会利益交织时，应增强决策的透明度。只有在符合社会价值观念的前提下，利润动机才能成为推动企业持续发展的正向动力。

第三节　线上零售流通渠道

随着网络技术的广泛渗透，人们日益倾向于选择在线平台作为购物的新途径。线上零售渠道具有便捷、快速、多样化的特点，消费者无须出门，即可通过线上零售渠道实现购物的愿望。随着电商平台的崛起，消费者可以轻松浏览、对比、购买各种商品，而且还能享受到多种优惠和便利的配送服务。因此，通过线上零售渠道购物已经成为一种流行趋势。

一、线上零售渠道的类型与优势

线上零售渠道中的平台入驻渠道、内容分享渠道以及短视频等渠道，在现代零售渠道中各自扮演着重要角色。平台入驻渠道，如京东、淘宝等，为消费者提供了广泛且便捷的商品选择，同时也是品牌与商家扩大市场覆盖、提升销售量的重要途径。内容分享渠道，以小红书为代表，通过用户生成内容（UGC）的形式，让消费者在获取信息的同时，也能被激发出购买欲望，对品牌营销和消费者决策产生了深远影响。而短视频渠道，如抖音、快手等，则以其直观、生动的形式，吸引了大量用户关注和互动，不仅为品牌带来了曝光机会，也通过直播带货等新兴销售模式，实现了流量到销量的有效转化。综上所述，这三种渠道各具特色，共同构成了当今多元化的零售流通网络，为品牌和消费者之间搭建起了紧密而高效的连接桥梁。

（一）平台入驻渠道

在使用渠道的选择上，电商平台已成为品牌商与消费者的首选。随着移动互联网的蓬勃发展，电商平台不仅实现了从 PC 端到移动端的便捷过渡，其形式也从传统的网页模式拓展至更为灵活的 App 应用。其中，平台入驻型电商如天猫、京东等传统巨头持续繁荣，同时拼多多凭借对五环外市场的精准定位崭露头角，抖音电商则借助抖音庞大的粉丝基础快速崛起。此外，趣头条的萌推以及精选电商如网易严选、小米有品、东方臻选等也各具特色，共同构筑了多元化的电商生态。相对于其他渠道而言，平台入驻渠道具有以下优势。

1. 覆盖广，传播快

以京东、淘宝、拼多多等为代表的电商平台，已经深度渗透至全国消费者群体。天猫的“双十一”和京东的“6·18”购物狂欢节，不仅在中国享有盛誉，更已成为全球瞩目的购物盛事。对于品牌商家而言，这些大型电商平台能在短时间内显著提升品牌影响力。

2. 流量导向

在当前的电商格局中，流量依然占据核心地位。从京东、淘宝、拼多多到抖音电商，再到备受消费者青睐的网易严选、小米有品等，这些平台均通过其独特魅力，吸引了庞大的用户流量。

3. 消费群体精准化

在当前消费潮流不断更迭的环境下，电商平台进一步寻求与各类消费者群体的精准匹配。例如，拼多多深耕五环外市场，以满足更广泛消费者的需求；抖音电商聚焦年轻用户群体，提供贴合其喜好的产品与服务；萌推则致力于下沉市场，触及更广泛的消费群体；小米有品依托小米生态链，为消费者带来一系列智能生活产品；网易严选则在国内 ODM 模式上领跑，采用 C2M 模式，直接连接消费者与工厂，提供个性化和高性价比的专属商品。这些电商平台通过其独特的市场定位和商品策略，有效满足了不同消费者的多元化需求。

4. 多元化传播策略

电商平台在传播方式上不断创新，除了传统电商平台如天猫、淘宝的商品陈列外，抖音电商也凭借其独特的视频形式，直接将消费者引导至抖音内置的购买界面完成交易，无须额外跳转至外部商家店铺，从而为用户提供更为流畅便捷的购物体验。萌推则是一个集结生活达人的综合性电商 App，强调好物推荐，辅以真实评价和使用技巧，提供全方位的购物支持。

电商平台虽普遍接纳各类商品入驻，但各有侧重，如京东专注3C产品，抖音电商擅长打造网红产品，萌推则更偏向有趣的个性化商品。在当前消费多元化的背景下，消费者会根据不同需求选择最合适的购物平台。

（二）内容分享渠道

如今，消费者购物目的更加多元化，尤其在移动端，更倾向于通过分享推荐优质产品。品牌商也通过深度挖掘产品特色来吸引消费者，从而催生了以小红书和蘑菇街等为代表的内容导向型平台。

1. 精准定位年轻受众

“你的生活指南”成为小红书的核心理念，让消费者能够在这里洞察时尚新动向，并与广大网友共同分享各自的生活点滴。同样，蘑菇街也通过其首页的瀑布流设计，为用户展示了丰富的专业时尚资讯。这些精彩内容不仅源于平台自身的专业内容团队，更具备MCN属性，拥有强大的多渠道分发和内容创作能力。作为专注于内容的平台，小红书和蘑菇街深刻洞察了年轻人的需求。它们构建了一个充满活力的社区，让用户能够在此分享对产品的独到见解和体验。当用户面临选择难题时，这些来自用户的真实分享往往能为其提供宝贵参考。用户可以根据自己的需求挑选相似产品进行对比，甚至可以通过评论区与其他用户交流，从而快速找到心中所求的答案。

2. 深度剖析产品特色

内容型平台强调对产品特性的深入剖析，用户基于自身的使用体验与分析，能够发现更符合个人需求的产品。简而言之，借助用户的分享内容，小红书和蘑菇街等平台得以助力消费者实现高性价比的购物选择。

3. 实现产品精准投放

截至2023年，小红书用户数已超过3亿人。小红书的用户群体中，女性占比高达70%，而50%的用户年龄更是在30岁以下。这一用户画像进一步凸显了小红书在年轻女性用户中的强大吸引力和影响力。其对现有资源进行了全面整合，涵盖电商、社群、网红以及内容创作，服务于多样化的用户需求。它推动后端供应链的优化升级，提供丰富的产品选择，并通过构建网红生态链、引入时尚意见领袖，不仅提供商品和内容，更传递了一种独立自主、追求时尚的生活方式，满足用户的多元化消费需求。如今，在小红书上发掘和分享心仪的商品已成为年轻消费者的新风尚。这一群体的女性对美的追求尤为热烈，同时热衷于网络社交。在商品类别上，小红书的推荐范围广泛，除了美妆服饰外，美食、电子产品、家居用品等也是其热门推荐品类。

（三）短视频传播渠道

随着5G网络的广泛覆盖，移动互联网进入了全新的发展阶段，催生了短视频应用的迅速崛起。其中，抖音和快手作为短视频领域的佼佼者，引领了行业的新潮流。随着这两款应用的普及，短视频逐渐成为当下热门的商品推广途径，展现出强大的带货能力。

1. 巨大的流量池

抖音是目前主流短视频软件之一。它的用户数据逐渐体现出其商业化的趋势，成为众多消费品牌重要的推广渠道，越来越多的广告商逐渐进入这个平台。据不完全统计，截至2023年，抖音的日活跃用户量已超过10亿人次。这一数字令人震惊，更表明了抖音在年轻人中的巨大影响力，它已成为年轻人聚集的超级流量池。

2. 传播范围广、速度快

短视频以其独有的魅力，在短短数秒内便能将信息迅速扩散至网络的每一个角落，实现了现象级的传播范围。在抖音和快手两大平台上，热门产品能够迅速成为网络焦点，一夜之间便能吸引全国消费者的目光。这两个平台现已成为孕育网红产品的摇篮。

3. 带货能力强

每天上亿人次的日活，让抖音拥有巨大的变现基础。根据公开信息，抖音用户中18岁以下占比约为11.4%，24岁以下占比约为41.6%，而24岁以上占比约为57%。这表明抖音在年轻用户中较为流行。在阶层分布上，抖音的用户群多为一二线城市的年轻人群，生活层次和多样性方面普遍较高。而快手 18 岁以下用户占比约为 10.9%，24 岁以下用户占比约为 31.6%，24 岁以上用户占比约为 68.5%。该平台主要服务于广大中低阶层用户，特别在三四线小城市拥有广泛的用户基础。抖音和快手都展现出了出色的带货能力，尤其适合网红产品的推广。不仅如此，它们还具备将产品打造成网红爆款的独特能力。通过网红的专业推广和用户自发的分享上传，这些爆款产品成为两大平台的标志。在抖音和快手的电商领域中，护肤美容行业的广告显著领先，占据 25% 的份额，其中面膜和洗面奶是销售的主要品类，同时男士护肤系列广告也成为其显著特色。抖音不仅推动了“答案茶”和“海底捞”等品牌的火爆，还吸引了大量本地餐饮娱乐服务商家投放广告，餐饮食品类广告占比达 16.7%，且以本地服务为主。此外，与其他渠道相比，抖音和快手在母婴儿童及萌宠系列的广告投放上占有更高的比例。

二、线上零售渠道劣势

线上零售渠道虽然提供了便捷的购物方式和更广泛的选择，但也存在一些消费过程中不可避免的问题，如消费者亲身体验不足、物流问题以及退货流程等方面问题。

（一）实体体验欠缺

线上购物虽然方便快捷，但线上购物的消费体验缺失是一个复杂且多维度的问题，它涉及消费者对商品的直接感知、购物环境的社交性、购物平台的易用性等多个方面。一方面，线上购物无法提供给消费者与商品直接接触的机会，这导致消费者在购买前难以全面了解和感受商品。如衣物的质地、电子产品的实际操作感，以及食品的味道，线上购物平台目前在这些方面还难以让消费者在事前有一个准确的预期。这种不确定性不仅影响消费者的购买决策，还可能导致购买后的不满和退货，故而有了网上戏称的“买家秀”与“卖家秀”。线上购物缺乏实体店所能提供的社交和人际互动。在实体店，消费者可以与店员交流，获得专业的建议和指导，甚至与其他购物者分享购物心得。这种社交体验是线上购物所无法复制的，也是很多消费者依然偏爱实体店的原因之一。另一方面，线上购物界面的设计、操作流程的简便性、支付方式的多样性等，也都会影响消费体验。如果购物平台界面复杂、操作烦琐，或者支付方式有限，都会降低消费者的购物体验。

（二）物流问题

线上零售渠道高度依赖物流配送系统，但在物流过程中可能出现各种问题，如延误、商品损坏或丢失等。这些问题不仅会影响消费者的购物体验，还可能对商家的声誉和销售额造成负面影响。并且，物流成本也是线上零售渠道需要考虑的重要因素，高昂的物流成本可能降低商家的利润空间。线上零售的物流体系需要应对高频率、大批量的商品配送需求。例如，在“双十一”或“6・18”等大型节促活动期间，物流系统经常面临爆仓的风险。在涉及生鲜等需要特殊储运条件的商品时，物流问题凸显。生鲜产品，如水果、肉类等，对运输条件有极高的要求。随着乡村振兴在全国的开展，线上助农活动也是对这一政策的积极响应，其中就有线上助农生鲜水果售卖。如芒果这一热带水果，这一产品在线上销售过程中就经常遇到如下问题：第一，芒果对温度要求较高。在运输过程中，温度经常控制不当，芒果会受到冷冻害，导致其品质下降或腐烂。在这种情况下，消费者收到的可能是受损或变质的水果。第二，运输时间过长。由于物流延误或中转环节过多，芒果在运输途中花费的时间过长。这增加了水果变质的风险，还会影响消费者的购物体验。第三，包装简陋。在运输过程中，水果需要适当的包装来保护其免受碰撞和损伤。但是很多商家由于经验不足，包装过于简陋或设计不合理，导致水果在运输途中受损。芒果可能因为相互挤压而变形或破裂。

（三）售后服务烦琐

与实体店相比，线上购物的退货流程通常更为复杂。消费者需要按照特定的步骤进行退货申请，等待商家审核，并承担退货的运费和时间成本。这不仅降低了消费者的购物体验，还可能引发消费者对线上购物渠道的不信任。同时，烦琐的退货流程会增加商家的运营成本和处理时间。尤其在电商年中的大促销活动如“双十一”期间，退货问题显得尤为明显。作为电商年中的大促销活动，就线上零售商而言，是一次重要的销售机会。但是，随着销售量的激增，退货量也会随之增加。由于消费者在“双十一”期间受到各种优惠活动的吸引，不可避免可能会产生一些冲动购买行为，随后发现商品并不符合自己的需求或期望而选择退货，这激增的退货量会给线上零售商的售后服务团队以及物流行业带来巨大的压力。

线上零售流通渠道，虽然在实体体验、物流以及售后服务等方面存在劣势。但是，这些劣势并非不可克服，反而预示着线上流通渠道的巨大发展潜力和改进空间。未来，线上零售流通渠道有望进一步融合线上线下购物体验，通过增强现实、虚拟现实等先进技术，让消费者在家中就能享受到近似实体店的购物体验。同时，随着物联网、大数据和人工智能技术的深入应用，物流配送将变得更加智能、高效，不仅能实时追踪货物状态，还能预测和规避潜在的物流问题。在售后服务方面，线上零售流通渠道有望通过自动化、智能化的客户服务系统，实现快速响应和解决消费者问题，简化退换货流程，甚至提供个性化的售后服务方案。此外，随着区块链等技术的引入，商品溯源和消费者权益保护也将得到进一步加强。

第四节　线下零售流通渠道

线下零售渠道自古代集市以来已有数千年的历史，随着城市化进程和商业的发展，线下零售逐渐有了更加成熟的渠道模式。线下零售渠道一般包括实体店铺、商场、超市等渠道，商家通过这些渠道销售商品或服务给消费者。线下零售渠道具有实体性、体验性、即时性等特点，能够满足消费者对商品或服务的亲身体验需求，并可即刻获得商品或服务。

一、线下零售流通渠道的类型与优势

根据尼尔森IQ于2022年9月发布的《洞察中国零售动态》报告，当前实体零售业虽面临一定压力，但在中国快消品零售渠道布局中，线下实体零售仍稳占六成市场，展现出其强大的适应性和韧性。报告显示，现代零售渠道，包括大型超市、小型超市和便利店等占29%的份额，而传统的食杂店渠道则占23%。从长远看，线下实体零售渠道在发展道路上仍有上升潜力。

（一）百货商场

百货商场是一种大型零售店铺，通常拥有多个商品品牌与种类，涵盖服饰、家居、数码、食品等多个领域。它的目标客户是面向各类消费者，尤其是需要购买多种商品或追求品质和服务的消费者。同时，它以商品多样性和丰富性为特点，提供“一站式”购物服务，通常拥有舒适的购物环境和专业的客户服务。近年来，随着线上购物的兴起，传统百货商场面临巨大挑战。因此，许多百货商场开始进行转型升级，提供更多体验式服务和个性化定制。

（二）超市和便利店

超市和便利店是两种不同的渠道，两者在渠道特点、目标客户以及未来发展方向都有着各自的谋划。超市通常较大，商品种类较多，价格相对低；便利店更小更便捷，能够满足消费者的日常急需和即刻需求。此外，超市以提供日常生活用品为主，价格亲民适合家庭大批量购买；便利店则主要提供方便快捷的商品和服务，如零食、饮料彩票等。超市主要面向家庭消费者，特别是注重价格和方便性的消费者；便利店则主要面向年轻一代和忙碌的上班族，满足他们的即刻需求。随着消费升级和便利性需求的增加，便利店的数量和规模逐渐扩大。同时，超市开始注重提供更多高品质和个性化的商品和服务。

（三）专卖店与专业店

专卖店是一种专门销售某一类商品的零售店铺，如服装专卖店、电器专卖店等；专业店则主要销售具有专业性和高技术含量的商品，如摄影器材店、电脑专卖店等。专卖店主要面向对某一类商品有特定需求的消费者；专业店则主要面向专业人士和技术爱好者。专卖店以商品专业性和品牌信誉为特点，通常具有较高的商品质量和售后服务水平；专业店则以提供专业性和技术性强的商品为主，满足消费者的特殊需求。随着消费者对品质和专业性的要求越来越高，专卖店和专业店的数量和规模逐渐扩大。同时，这些店铺也开始注重提供更多服务和体验式消费。

（四）新线下零售渠道

近年来，新零售模式对传统零售流通渠道产生了深远的冲击，它们通过技术创新和模式创新，为消费者提供了更高效、便捷、个性化的购物体验，重塑了零售流通渠道的格局。如O2O、无人便利店、智能家居与家庭购物等新型模式，这些新零售模式借助互联网、大数据、人工智能等先进技术，打破了传统零售渠道的时空限制，为消费者带来了更好的购物享受。

1. O2O模式

随着移动互联网技术的发展，O2O（线上到线下）模式逐渐兴起，消费者可以通过线上平台进行购物并选择线下自提或配送服务。这对传统线下零售渠道造成了冲击，要求其适应新消费习惯。

2. 无人便利店

无人便利店作为一种新型零售模式，以其便捷、自助的特点逐渐受到消费者的青睐。然而，传统零售商需要投入大量资金和技术资源对渠道进行转型升级。

3. 智能家居与家庭购物

智能家居技术的发展使得家庭购物越来越普遍。消费者可以通过智能设备进行在线购物并享受送货上门服务。这对传统线下零售商的销售额和市场份额造成了一定的冲击，也激励他们向新的模式发展转变。

二、线下零售渠道的挑战与优势

（一）市场竞争激烈

随着电子商务的兴起，线下零售市场面临巨大的竞争压力。一方面是市场份额的争夺，传统零售商需要与线上零售商争夺相同的消费者群体，这使得市场份额的获取更加困难。另一方面是较高的运营成本，线下零售店铺需要承担租金、人力成本、库存管理等成本，与线上零售相比，运营成本相对较高。除此之外，缺乏价格优势也是一大问题，由于线下店铺的运营成本较高，在与线上零售商的价格竞争中往往处于劣势地位，难以吸引价格敏感的消费者。

（二）消费者需求多样化

随着社会经济的发展，消费者需求也随之多样化。首先，消费者偏好发生了巨大变化。消费者对购物体验、商品品质和服务等方面的需求不断变化，对线下零售商提出了更高的要求。传统零售商需要适应这些变化，以满足消费者的多元化需求。其次，消费者对商品的品质和独特性要求越来越高，线下零售商需要提供具有差异化竞争优势的商品，以吸引消费者。并且，消费者对服务体验的需求越来越高，线下零售商需要提供优质的售前、售中、售后服务，以提高消费者的满意度和忠诚度。

（三）线下零售渠道的优势

1. 实体店的体验优势

线下零售店铺能够为消费者提供真实的商品体验和优质的客户服务，这是线上零售渠道不具备的优势。通过提供舒适的购物环境和专业的导购服务，可以增强消费者的购买意愿和忠诚度。

2. 建立信任与品牌形象

线下店铺与消费者的面对面交流有助于建立信任和品牌形象。通过与消费者的互动，店铺可以更好地了解消费者需求，提供个性化的服务和解决方案，从而增强消费者的满意度和忠诚度。

3. 深耕地区市场

线下零售商可以通过深耕地区市场，深入了解当地消费者的需求和习惯，提供更具针对性的商品和服务。这种地域性优势有助于提高店铺的知名度与竞争力。

4. 独特的商品与服务

线下零售商可以通过提供独特的商品和服务来吸引消费者。例如，特色食品、手工艺品等具有地方特色的商品或定制化服务，能够满足消费者的个性化需求，增加线下店铺的吸引力。

三、线下零售渠道的未来趋势与发展

（一）数字化转型

数字化转型是未来线下零售渠道的重要发展趋势，通过引入数字技术，优化业务流程，提升运营效率。数字化转型可以帮助线下零售商更好地了解消费者行为，实现精准营销和个性化推荐，还可以改善店面布局和商品陈列，提高购物体验和销售转化率。

（二）个性化与定制化服务

个性化与定制化服务是满足消费者对个性化需求的一种方式，通过提供定制化的商品和服务可以满足消费者的特殊需求，提高消费者对品牌的忠诚度和满意度，促进销售额增长和口碑传播。需要注意的是，个性化与定制化服务需要建立高效的供应链和生产流程，以快速响应市场需求与消费者反馈。

（三）新技术的运用与创新

新技术的应用与创新可以提升线下零售的竞争力和吸引力，如人工智能物联网、大数据等技术的应用。由此可以改善消费者购物体验与店铺运营效率，如智能支付、无人售货、虚拟试衣间等创新应用。需要注意的是，新技术需要与线上零售平台、社交媒体等渠道进行整合，以实现线上线下渠道融合发展。

（四）绿色环保与可持续发展

绿色环保与可持续发展是未来线下零售渠道发展的重要趋势之一，它强调在经营活动中保护环境和社会责任。并且绿色环保概念可以提高线下零售的品牌形象和社会责任感，吸引更多消费者关注和认可。需要注意的是，绿色环保与可持续发展需要从供应链管理、商品包装、能源利用等方面进行优化，以降低对环境的影响。

第七章　零售行业商圈布局研究

商圈布局研究对于零售行业的发展具有重要意义，它有助于企业更好地理解其目标市场和消费者，从而做出更明智的商业决策；能帮助企业识别并理解其服务范围内的消费者需求，从而更合理地分配人力、物力和财力资源，以满足消费者的需求；能帮助企业了解竞争对手的情况，从而制定更有效的竞争策略，提升自身的市场竞争力；商圈布局研究不仅关注当前的商业环境，还考虑未来的发展趋势，有助于企业实现长期的可持续发展。

第一节　零售业选址影响因素

零售有别于批发，是将商品及相关服务提供给个人消费者或社会团体消费者作为最终消费之用的活动。零售活动可以在零售店铺中进行，如百货商店、超级市场、专业商店、便利商店、折扣商店、仓储商店等；也可以利用一些使顾客便利的无铺零售设施及方式，如上门推销、网络销售、邮购、自动售货机等。显然，零售业选址是针对有铺零售而言的，店铺选址的重要性最终关乎零售企业的生存和未来的发展，因此，其选址时需要从宏观（地区或城市）和微观（商圈）两个层面充分考虑以下几个主要的影响因素。

一、经济发展水平

一地区经济发展水平直接影响消费者的消费能力，从而间接影响到该地区商圈的定位和发展。经济发展水平较高地区的消费者追求高质量的消费商品和服务，对商圈的品质要求高于经济发展水平较低的地区；经济发展水平较低地区的消费者追求的往往是性价比高的商品和服务。

按照中国统计年鉴上的分区方法，我国有华北、东北、华东、中南、西南、西北六大区域，其经济发展水平是不同的；另一种分法是按照经济发展水平由高到低将城市分为一线、二线、三线、四线等。因此，零售企业选址时首先要根据自身的战略发展规划和产品定位拟定在哪个地区或哪座城市。

二、政府的政策

政府在城市建设上的规划对商圈建设有很大的影响。例如，北京市朝阳区人民政府在2022年发布的《朝阳区打造国际消费中心城市主承载区行动计划（2021～2025年）》中明确指出：打造“一核两带五片区”空间格局，形成以CBD、三里屯等地标性商圈为节点，以道路、街巷、河流、轨道交通为连接纽带的商业网络。政府对商业用地的规划、环保要求、税收政策等都会影响到零售商的选址。地价水平是影响商业网点区位选择的重要因素之一。地价越高，意味着店铺经营总成本中的固定成本越高，取得同等经营业绩的难度和风险就越大。不同地段、不同规模的店铺租金成本差异较大，零售商需要根据自身的财务状况和经营策略来选择合适的店铺位置。例如，盒马鲜生在南京市区的门店选址是：2家门店位于一级地价区域，三级至五级地价区域内分别有3家、2家和5家。可见地价水平对盒马鲜生的区位选址是具有一定影响的。盒马鲜生门店多数选址于三级至五级中等级别土地，对地价承受能力适中，主要与盒马鲜生的门店规模与运营模式有关。再如，在上海商圈的数字化转型中，多个政府部门推动了作用巨大的相关实践：构建免费高速的Wi－Fi服务网络、打造客流预警系统、提供商圈数据服务、设立慢行导视系统等，加速了商圈数字化转型的进程。

城市化进程的推进也会导致农村人口向城市涌进，人口的大量增加也会促进商圈的繁荣和品质提升；同时，政府的税收和当地法规也会对商圈建设发展有一定影响。

三、交通因素

便捷的交通线路、充足的停车空间可以为城市居民出行提供便利，有助于顾客轻松到达店铺，提高顾客的购物体验，其人口集聚和扩散效应显著。人流的大量聚集可为零售企业带来现实的或潜在的客流和商机。选址在人口密集、流动量大的区域，有助于增加店铺的曝光率和顾客流量。城市轨道交通的主要或代表性的站点对零售企业的位置选址影响较大，各地的“地铁经济”现象客观存在。

交通对于商圈的影响极大，一个大型商圈的建设和发展都离不开便捷的交通，交通发达的地区商圈的商品销售和服务提供的范围更大，交通不便会限制商圈的影响力扩散。

四、竞争情况

零售企业的区位选择与其在同一地域经营同种类型的零售企业数量和竞争能力的关系是密不可分的。某个零售企业是否合适进入此地域，需要仔细分析竞争者的商业模式、优势和劣势、销售商品的品类和档次、提供服务的品类和档次，同类店铺的数量、规模和经营情况，这些都是商圈的重要影响因素。零售店铺选址前，可以用商业空间饱和度指标对选定区域商业、行业之间的竞争强度进行量化衡量，饱和度高意味着市场剩余空间很小或者过剩，不宜进入；而饱和度低则意味着市场剩余空间较为充足，存在供不应求的非饱和状态，有很大的扩张机会。在竞争激烈的地段，店铺需要有独特的卖点或者特色，才能吸引顾客。

总而言之，竞争商圈内同类产品的市场空间越大，发展机会就大；竞争商圈的品质越高，本商圈越不容易吸引消费者。

五、商业配套设施

商业配套设施的完善程度是零售企业在选址时不可忽视的一个因素。商业配套设施包括交通设施、停车场、供电供水设施、通讯设施等。这些设施的完善程度直接影响到店铺的运营效率和顾客的购物体验。一个拥有完善的商业配套设施的地区通常是经济发展较好较快、人口密集、消费能力强，商圈的吸引力大，就会增加顾客的停留时间；也往往意味着该地区具有更大的商业价值和发展潜力，对于零售业的长期发展具有重要意义。相反，如果一个地区的商业配套设施不完善，可能会导致店铺的运营成本增加，如运输成本、通信成本等。这些成本的增加可能会压缩店铺的利润空间，甚至可能导致店铺无法长期经营。

六、未来发展潜力

未来的发展潜力是零售企业在选址时的一个重要考量点，包括城市土地规划、经济增长、科技发展、人口增长趋势、环境可持续性等。在城市规划方面，随着城市化的推进，一些新的商业区、居住区或交通枢纽可能会崛起，而一些老旧区域可能会逐渐衰落。在经济增长方面，经济增长快的地区往往伴随着消费能力的提升，这将为零售企业带来更多的商机。在科技发展方面，随着电子商务和智能化技术的快速发展，线上购物和无人店铺等新型零售模式逐渐兴起。零售企业在选址时应当考虑这些新兴技术对市场的影响，以及如何利用这些技术提升企业的竞争力。在环境可持续性方面，随着消费者对环保意识的提高，那些注重环保、节能和可持续发展的零售企业可能会获得更多消费者的青睐。同时，也要考虑该地区的产业结构、人口增长和收入水平等因素，这些因素都将直接影响零售企业的销售业绩。总之，选择具有发展潜力的地段，可以为店铺的长期发展奠定基础。

综上所述，零售店铺选址需要综合考虑多个因素，包括经济发展水平、政府的政策、交通便利性、竞争环境、商业配套设施、未来发展潜力等。通过全面地分析和评估，选择合适的店铺位置，有助于提升店铺的曝光率、吸引力和竞争力。

第二节　零售行业商圈布局类型

最早提出商圈理论的是德国的地理学家克里斯塔勒，其主要概述为，商圈是以某一地区为中心点，该地所提供的商品销售和餐饮服务的最大能力为半径，形成的商品销售和餐饮服务的圆圈，通俗的理解就是以该零售店为中心的空间范围，能够吸引顾客的来源。美国经济学家伯曼（Barry Berman）和埃文斯（Joel R. Evans）认为，商圈是某个特定的为消费者提供商品和服务的公司或公司群的顾客所在的区域。零售店商圈的中心点主要是指零售店，商圈的大小也取决于零售店的大小，一般普通连锁超市的商圈小于大型的百货商店和仓储式的超市商场的商圈。

零售行业的商圈布局类型可以根据不同的分类标准而有所不同，但一般来说，可以根据商圈的形态、位置、规模、智能化程度等特征进行分类。以下是一些常见的零售业商圈布局类型。

一、按来店顾客占该区域顾客的占比划分

（1）核心商圈。以零售店为中心，该区域的来店顾客占该区域顾客分布的50%～70%，称为核心商圈，也称为一次商圈。核心商圈通常是距离店铺最近并具有高密度顾客群体的区域。例如，厦门的中山路—思北商圈、火车站—莲坂商圈、江头—SM 商圈，广州的天河城商圈、北京路商圈，上海的南京路商圈、陆家嘴商圈，成都的春熙路商圈、太古里商圈，长沙的五一商圈等都是核心商圈。

（2）次级商圈。在核心商圈之外，来店顾客占该区域顾客分布的10%～30%的区域称为次级商圈，也称为二次商圈。例如，厦门的五缘湾商圈、厦

大商圈、会展北片区商圈、瑞景—蔡塘商圈、集美商圈、同安中山路—西安广场商圈等是厦门市的次级商圈。

（3）边缘商圈。在次级商圈以外的区域，来店顾客占该区域顾客分布的占比是5%～10%的地区，称为边缘商圈，它当前对零售店铺经营业绩的影响很小。但是，随着城镇化建设进程的加快，边缘商圈很可能是潜力商圈。例如，随着厦门市跨岛发展战略的深入推进，岛外的商贸环境不断升级改善，消费也随之升温，海沧新城商圈、同安新城商圈、翔安新城商圈发展潜力巨大。从海沧区来说，海沧新城拥有较其他岛外片区更成熟的商圈，大型的商圈有阿罗海城市广场和天虹购物商场，新发展的有东孚商圈，同时拥有大片的住宅区和众多的星级酒店，交通便捷，消费群体年龄层广。

二、按商圈地理位置划分

（1）商业区商圈。店铺位于商业区或市中心，商圈范围较大，通常涵盖了多种类型的零售店铺，包括百货商场、专卖店、购物中心等，可以满足消费者多样化的购物，拥有高人流量和高消费能力，消费习性以快速、流行、娱乐、冲动购买为主。

（2）社区商圈。店铺位于居民区或住宅区，主要服务于附近居民，通常包括超市、便利店、药店等日常生活所需的零售店铺。这些店铺的商品组合相对较窄，但深度较深，以满足居民的日常生活需求。消费习性稳定，具有便利性，消费水平较高。

（3）文教区商圈。店铺位于学校或文教区附近，主要吸引学生和教师等文教人员，消费习性以文教用品和休闲食品购买为主。

（4）办公区商圈。店铺位于办公区或商业大楼内，主要服务于上班族和商务人士，消费习性具有便利性，消费水准较高。

（5）交通枢纽区商圈。店铺位于城市交通枢纽附近，如地铁站、火车站、机场等。这些商圈主要服务于流动人口，提供便捷的商品和服务，如快餐、便利店、书店等。

（6）郊区商圈。随着城市化的推进，郊区商圈逐渐兴起。这些商圈通常位于城市外围或新开发区域，以大型购物中心、超市、家居建材店等为主。郊区商圈的规模较大，停车方便，吸引了大量有车一族和追求宽敞购物环境的消费者。

（7）特定主题商圈。这种商圈通常以某种特定主题或特色商品为卖点，吸引特定消费者群体。例如，电子产品一条街、美食街、服装批发市场等。这些商圈的商品组合较为单一，但专业性强，满足了消费者对特定商品的需求。

（8）混合区商圈。店铺位于多种类型商圈的交界处，消费习性多元化。

三、按集聚形态划分

（1）团组块状形态。多家零售店铺集中在一个街区或商业区，形成团组块状的布局形态，通常能够吸引大量消费者。例如，厦门市中山路—思北商圈中的中华城拥有美妆、高端服饰、餐饮、家电、教育培训、美容美体等丰富业态，同时配备有真冰滑冰场、影院、独立品牌书店等游乐业态，逐渐形成了国际化妆品 M ALL 与轻奢品牌、人气餐饮配合时尚潮牌的业态组合，既有伯爵（Piaget）、卡地亚（Cartier）、万国（IWC）、玛莎拉蒂（Maserati）等高端奢侈品牌，同时也有各类快消品牌入驻，因此可满足多层次消费者的购物、娱乐、休闲需求。

（2）沿街条状形态。零售店铺沿街道两侧分布，形成条状布局形态，常见于商业街或步行街。例如，北京王府井步行街，这里不仅有历史文化遗迹，还有许多历史名店和著名的购物中心，吸引了大量的游客和消费者。上海南京路步行街，位于上海的黄金商圈，是中国最繁华的商业街之一，这里集中了众多的连锁店、知名品牌、百货公司等，是上海的商业中心。杭州湖滨步行街，与世界非物质文化遗产的西湖紧密相连，独具特质，拥有湖滨银泰 IN77、衣之家、湖滨 88、解百城市奥莱四大商业综合体，是首批全国示范步行街之一。

（3）分散多点形态。零售店铺在地理空间上分布广泛，没有明确的中心或集中区域，而是以多个分散的零售点形式存在，形成多个小型商圈，覆盖更广泛的消费者群体。例如，在农村地区或一些人口分布较为均匀的城镇，零售店铺可能会呈现出分散多点的形态。

四、按商业设施类型划分

（1）购物中心。购物中心不仅规模庞大，而且拥有众多知名品牌和丰富的商品种类。这类集多个零售店铺、餐饮、娱乐等设施于一体的大型商业设施，为消费者提供“一站式”的购物体验。例如，在北上广深中著名的购物中心包括：位于北京市朝阳区建国路的北京 SKP，是我国最具代表性的高端时尚购物中心之一；位于上海市静安区南京西路的上海恒隆广场，是我国最早的高端购物中心之一；位于广州市天河区天河路的广州太古汇，是华南地区最具代表性的高端购物中心之一；位于深圳市罗湖区宝安南路的深圳万象城，是我国最具示范效应的购物中心之一。

（2）百货商店。百货商店不仅是中国商业的重要代表，也是各地消费者购物的重要去处。它们通过不断创新和改进，提供丰富的商品种类和高品质的购物环境，满足消费者不同的购物需求。例如，很知名的百货商店有北京王府井百货、上海第一百货、广州广百百货、天津乐天百货、重庆百货、银泰百货、天虹百货等。

（3）超级市场。超级市场是提供食品、日用品等生活必需品的零售店铺，通常规模较大，商品价格相对较低。例如，大众熟知的永辉超市、大润发、华联超市、家乐福、沃尔玛、TESCO 乐购等。

（4）便利店。提供小容量应急性的食品、日常生活用品和商品性服务的零售店铺，通常位于居民区或商业区附近。

五、按智能化程度划分

（1）初级智慧商圈。该层次的智慧商圈也称为信息集中型智慧商圈，初步实现数字化管理，商家和消费者之间的互动很有限，主要是在自己的门户网站集中提供关于购物、餐饮、娱乐、商务等服务信息和导引，以及即时更新商圈内各商场、店铺、街区的活动，面向受众是所有查看商圈信息的客群，并不对消费群体进行分类。例如，某些传统的购物中心或商业街，开始提供电子支付和简单的在线查询服务，但尚未实现深度的线上线下融合和个性化推荐。

（2）中级智慧商圈。该层次的智慧商圈也称为定点个性化型智慧商圈，数字化服务较初级的更全面，商家和消费者之间的互动较多，能为用户提供导引、查询、推荐等服务，基于 NFC 来识别不同的用户，为不同消费群体提供不同的商圈服务。例如，上海的五角场商圈、深圳南山区的海岸城购物中心等。

（3）高级智慧商圈。该层次的智慧商圈也称为移动个性化型智慧商圈，实现全面的智能化管理和服务，商家与消费者、消费者与消费者之间的互动非常频繁，通过对商圈内用户的行为信息的分析，实时连接商圈、消费者以及商家，进行精准的推送，通过三者之间的交互帮助用户得到更满意的服务。例如，重庆的解放碑—朝天门商圈、上海的新天地商圈、深圳福田的 CBD 商圈等。

需要注意的是，以上这些布局类型并不是孤立的，实际商圈布局可能会存在交叉和重叠，形成多样化的零售业态。此外，随着消费者行为的变化和市场竞争的加剧，商圈布局也在不断演变和调整。因此，零售商在进行商圈布局时，需要根据自身的特点和市场需求，选择合适的布局类型，以最大限度地满足消费者的需求和提升经营效益。

第三节　零售行业商圈布局影响因素

零售业商圈布局的影响因素众多，主要包括以下几个方面。

一、消费者行为

零售业商圈布局与消费者行为之间存在密切的关系，两者相互影响。

商圈布局不仅反映了消费者的购买行为和需求，同时也影响着消费者的购物体验和购买决策。

首先，消费者行为对商圈布局产生直接影响。消费者的购买动机和行为是商圈布局的重要参考因素，决定了他们对零售业态的需求和偏好。例如，功能需求驱动消费者购买满足生活或工作需求的产品或服务，因此，零售企业在商圈布局时需要考虑产品或服务的功能特点，以满足这部分消费者的需求。社交需求则促使消费者购买时尚品牌等以展示自己的身份和社会地位，这就需要商圈内有提供时尚品牌产品的零售店铺，布局时应考虑高端时尚品牌的入驻。心理需求则更加复杂多样，需要零售企业深入研究消费者的心理，从而在商圈布局中创造出吸引消费者的舒适、便捷的购物环境，以激发消费者的购买欲望和消费体验。如果消费者的购物习惯、偏好和需求更倾向于线上购物，那么零售商可能需要加强线上渠道的建设；如果消费者更偏好体验式消费，那么商圈内可能需要增加体验式的零售店铺。

其次，商圈布局对消费者行为也有反作用。良好的商圈布局可以提升消费者的购物体验，进而激发消费者的购买欲望。如果商圈内的店铺种类丰富、配置合理、布局合理，可以满足消费者的多元化需求，可以方便消费者“一站式”购物，节省时间和精力。同时，店铺的个性化装修和特色商品也可以吸引消费者的眼球，产生购买冲动。反之，如果商圈布局混乱、重复性高，则可能导致消费者购物体验不佳，降低购买意愿。

以购物中心为例，购物中心作为一种综合性零售业态，其商圈布局通常包括超市、专卖店、百货公司、折扣店、便利店、餐饮娱乐等多种业态。购物中心在布局时需要考虑各业态之间的互补性和协调性，以满足消费者的多元化需求。例如，将超市和便利店布局在购物中心的入口附近，方便消费者快速购买生活必需品；将专卖店和百货公司布局在购物中心的核心区域，吸引消费者进行深度购物；将折扣店和仓储式商场布局在购物中心的边缘区域，满足消费者对价格敏感的购物需求。此外，购物中心还需要关注消费者的购物体验。例如，提供舒适的购物环境、便捷的停车设施、完善的导览系统等，以提高消费者的购物满意度和忠诚度。同时，购物中心还可以通过举办促销活动、文化展览等活动，吸引更多消费者前来购物，提高商圈的知名度和影响力。

二、交通和地理位置

交通和地理位置是商圈布局的关键因素，对于商圈的吸引力、可达性以及消费者的购物体验都具有重要影响。

首先，交通便利是吸引消费者到达店铺的关键因素之一。良好的交通状况意味着顾客可以方便快捷地到达商店，这不仅可以减少消费者的空间距离费用与时间成本，同时也为线下商业的物流和配送提供了极大的便利，从而增加购物机会和销售额。因此，零售企业在选择商圈布局时，会倾向于选择交通便捷的区域，如交通枢纽附近、主要道路沿线、附近有地铁站、公交站等公共交通设施，或者周边道路畅通无阻等。地铁、轻轨等轨道交通设施的兴建，大大提高了消费者购物的空间可达性，大大减少了消费者购物的路途麻烦，从而使得零售企业在网点布局上有了更多的选择，对零售业空间布局的优化起着非常积极的作用。此外，店铺的停车设施也是交通考虑的一部分，充足的停车位可以方便顾客停车，提高购物体验。

其次，地理位置也是商圈布局的重要因素。地理位置的好坏直接影响着商圈的吸引力和辐射范围，决定着店铺所处的区域和覆盖的消费者群体。因此，零售企业需要根据目标消费者的特征和需求来选择适合的地理位置。例如，高端消费品店可能会选择位于市中心繁华商业区的地理位置，具有更大的吸引力和更广泛的辐射范围，以吸引高端消费者群体；日常生活用品店可能选择位于居民区附近的地理位置，以方便居民购物；而销售纪念品、特产和礼品的店铺则多选择在旅游资源丰富的景区或附近，通常会吸引大量的游客，从而带来稳定的客流和销售。这些地区的消费者通常具有较高的购买力和购买意愿，因为他们在旅行中往往更愿意体验当地文化和购买特色商品。

最后，商圈布局还需要考虑竞争对手的地理位置。了解竞争对手的布局情况可以帮助零售企业选择合适的地理位置，以便在竞争中取得优势。例如，如果竞争对手已经占据了交通便利、地理位置优越的区域，或者主要集中在某一区域，零售企业可以考虑在其他区域开设店铺，以吸引更多潜在消费者，这将有利于店铺实现可持续发展。

三、竞争环境

零售业商圈布局与竞争环境紧密相关，两者共同影响着零售企业的市场地位和发展策略。

首先，商圈布局是零售企业在竞争环境中获取优势的重要手段。合理的商圈布局可以帮助企业更好地满足消费者需求，提升品牌知名度和影响力，从而在市场竞争中占据有利地位。例如，将店铺开设在地理位置优越、人口密集、消费能力强的商圈，可以吸引更多潜在消费者，提高销售额，促进零售业的繁荣发展。

其次，竞争环境也会对商圈布局产生影响。在竞争激烈的市场中，零售企业需要根据竞争对手的布局和策略来调整自己的商圈布局。例如，当竞争对手在某一商圈内开设了多家店铺时，企业可以考虑在该商圈内增加店铺数量、寻找差异化竞争的策略或提升店铺品质，提升服务质量，以吸引更多消费者。

最后，商圈布局和竞争环境还会共同影响零售企业的市场策略。在竞争激烈的市场中，企业需要通过不断创新，引入新品牌、新品类或新服务和优化商圈布局来提升自己的竞争力，来吸引更多消费者，从而提高市场份额。例如，在某大型城市的中心商业区，多家零售企业竞争十分激烈。为了获取更多市场份额，某零售企业决定在该商圈内增加店铺数量，并引入了一系列独家品牌和服务。这一策略不仅吸引了大量消费者前来购物，还提升了该企业在市场中的竞争地位。

因此，零售企业在选择商圈入驻时，需要充分考虑竞争环境的特点和趋势，制定合适的商业策略，以应对市场的变化和挑战。

四、经济环境和政策法规

经济环境和政策法规不仅影响商圈的布局和发展，同时也对零售企业的经营和市场竞争产生深远影响。

首先，经济环境对商圈布局有着直接影响。经济发展水平、消费者购买力、就业状况等都会影响商圈的吸引力和活力。经济繁荣时期，消费者购买力增强，对商品和服务的需求增加，零售企业有更多的机会扩大商圈布局，增加店铺数量或提升店铺品质。而在经济衰退时期，消费者购买力下降，零售企业可能需要谨慎调整商圈布局，优化库存管理和成本控制，以降低经营风险。

其次，政策法规对商圈布局也有重要影响。政府出台的相关政策法规，如城市规划、商业用地政策、税收政策等，都会对商圈的布局和发展产生深远影响。城市规划中确定的商业区和非商业区，将直接影响零售企业在商圈内的选址和布局；政府对某些区域的商业发展给予政策支持，可能会吸引更多的零售企业入驻；而商业用地政策和税收政策则会影响零售企业的经营成本和竞争力。例如，长沙市城市总体规划（2003~2020）重点为东延南拓，且最新规划预计到 2035 年形成一主六副的城市格局，东西并重、南向融城。城市规划侧重于东部和南部，受此影响，长沙市城区网红餐厅的分布呈现“西北—东南”走向。

最后，商圈布局也需要考虑经济环境和政策法规的变化趋势。随着经济的发展和政策的调整，商圈的吸引力可能会发生变化。例如，近年来我国为了提升服务贸易自由化便利化水平，发布了一系列政策，如《关于进一步释放消费潜力促进消费持续恢复的意见》等，这些政策鼓励线上线下消费有机融合，扩大升级信息消费，培育壮大智慧产品和智慧零售等新业态。这些政策不仅为零售业的创新和发展提供了有力支持，也为商圈布局的优化和升级提供了有力保障。零售企业需要密切关注经济环境和政策法规的变化，以便及时调整商圈布局策略，抓住发展机遇。

五、技术进步

技术进步对零售业商圈布局产生了深远的影响。技术的不断创新为商圈布局带来了新的机遇和挑战。

首先，技术进步为商圈布局提供了更多可能性。传统的商圈布局主要依赖于地理位置、交通和消费者行为等因素。然而，随着技术的发展，尤其是互联网和移动互联网的普及，商圈的边界逐渐模糊，线上线下融合成为趋势。零售企业可以借助先进的技术手段，如大数据分析、人工智能等，深入了解消费者的购物习惯、偏好和需求，从而更精准地定位商圈和店铺位置，优化商圈布局。虚拟现实（VR）和增强现实（AR）技术也可以被用于创建虚拟商圈，让消费者在家中就能体验到购物的乐趣。

其次，技术进步也推动了商圈内零售模式的创新。例如，无人店铺、智能货架、虚拟试衣间等新型零售模式的出现，改变了传统商圈的购物体验。这些技术的应用不仅提高了购物效率，还为消费者带来了更加个性化、便捷的购物体验。零售企业可以根据自身特点和消费者需求，选择适合的技术应用，提升商圈的吸引力。

最后，技术进步有助于提升商圈的运营效率。通过应用物联网（IoT）、大数据等技术，还能为商圈内的供应链管理、库存管理等方面提供支持。零售企业可以实现对商品的全流程跟踪和管理，提高供应链的透明度和效率。这有助于减少库存积压、降低成本，并提升消费者的购物满意度。同时，人工智能（AI）和机器学习技术可以用于自动化销售和客户服务流程，减少人力成本，提升服务效率。

然而，技术进步也给商圈布局带来了一定的挑战。一是新技术的应用需要投入大量的资金和时间成本，对于一些小型零售企业来说可能难以承受；二是随着线上购物的兴起，传统商圈面临人流量减少、销售额下滑等风险，因此，零售企业需要在保持线下商圈竞争力的同时，积极探索线上线下的融合发展模式；三是随着新技术的不断涌现和应用，零售企业需要紧跟技术发展的步伐、需要不断学习和适应新的技术趋势，以保持竞争优势才能实现可持续发展。

综上所述，零售业商圈布局的影响因素众多，需要零售商在进行商圈布局时全面考虑各种因素，以制定出最佳的布局策略。

第四节　零售行业商圈布局发展趋势

零售业商圈布局的发展趋势受到多种因素的影响，包括消费者行为的变化、科技进步、市场竞争等等。以下是一些可能的发展趋势。

一、线上线下融合

随着互联网的普及和消费者购物习惯的改变，线上购物已经成为一种重要的购物方式。因此，未来的零售业商圈布局将更加注重线上线下的融合，通过线上平台为消费者提供更加便捷、个性化的购物体验，同时通过线下实体店为消费者提供更加直观、真实的商品展示和服务体验。

线上线下融合的发展方向之一是全渠道销售。零售商需要同时在线上和线下进行销售，实现全渠道的覆盖。从数字空间吸引线上流量，扩大获客圈，使商圈的价值创造不局限于实体商业空间本身，而是在实体空间和数字空间的双重空间范围内同时产生运营和服务收益。例如，通过电商平台、社交媒体、移动应用等线上渠道，以及实体店、仓储式销售等线下渠道，为消费者提供无缝的购物体验。

线上线下融合的发展方向之二是数据驱动的个性化营销。利用大数据技术，对消费者的购物行为、偏好等进行深度分析，为消费者提供个性化的商品推荐、营销活动等，提高销售效率和消费者满意度。

二、体验式消费

消费者对于购物的需求已经不仅仅是购买商品本身，更多的是追求一种购物体验。因此，未来的零售业商圈布局将更加注重体验式消费，通过打造具有特色、个性化的消费场景，吸引消费者前来体验、消费。

体验式消费的发展方向之一是打造特色化、主题化的购物环境。通过设计独特的购物空间、引入特色商品、举办主题活动等，打造独特的购物体验，吸引消费者前来体验。

体验式消费的发展方向之二是提供互动式、参与式的服务。例如，提供商品试用、DIY 制作、烹饪课程等服务，让消费者在购物的同时，也能参与到商品的制作、体验等过程中，提高消费者的参与度和满意度。

三、智能化、数字化

随着科技的进步，智能化、数字化已经成为零售业发展的重要趋势。未来的零售业商圈布局将更加注重智能化、数字化的应用，通过引入人工智能、大数据等技术手段，提高运营效率、优化消费者体验。

智能化、数字化的发展方向之一是利用人工智能技术优化运营。例如，通过智能推荐系统为消费者提供个性化的商品推荐，通过智能客服提高客户服务效率，通过智能仓储系统提高库存管理效率等。

智能化、数字化的发展方向之二是利用数字化技术提升消费者体验。例如，通过移动支付、电子发票、虚拟试衣间等技术手段，提高购物的便捷性和体验感。

四、社交化、场景化

随着互联网的发展，以广告为主的单向传播方式效果不断衰减，口碑、信任成为零售品牌得到消费者认可的重要因素。未来的零售企业将不再是纯粹的商品售卖者，而将成为整合资源、打造社交化业务生态、实现多方共赢的市场组织者。

社交化、场景化的发展方向之一是开展社交化零售。通过构筑社交电商平台，借助微信、微博等社交媒体平台，建立线上社区，聚集具有共同兴趣或消费需求的用户，开展社交化的商品推荐、分享和购买活动。通过打造线下社交空间，如咖啡馆、书店等，提供消费者一个可以交流、分享、体验的场所，吸引消费者驻足、交流，并在这种社交氛围中实现商品的销售。通过建立用户社群，如基于兴趣、地域、消费习惯等多种因素形成的社群，利用社群的力量进行口碑传播、用户互动和精准营销。

社交化、场景化的发展方向之二是开展场景化零售。通过设计独特的购物场景，如节日主题布置、特色商品展示等，为消费者提供沉浸式的购物体验。打造具有代入感的购物环境，如家居用品店可以模拟真实的家居环境，让消费者在购物时能够直观地感受到商品的实际效果。通过 AR 或 VR 技术，将线上虚拟场景与线下实体场景相结合，为消费者提供虚实结合的购物体验。例如，消费者可以在家中通过虚拟试衣间试穿衣物，并在线下门店进行取货或试穿。

五、社区化、便利化

随着城市化的进程加速和居民生活水平的提高，社区化、便利化已经成为零售业发展的重要方向。未来的零售业商圈布局将更加注重社区化、便利化的发展，通过打造便捷、高效的社区零售网络，满足消费者对于日常生活用品的需求。

社区化、便利化的发展方向之一是打造社区化的零售网络。通过在社区内开设小型便利店、生鲜店等，满足消费者对于日常生活用品的需求，提高购物的便利性。

社区化、便利化的发展方向之二是提供便捷的配送服务。例如，通过快递、自提柜等方式，提供便捷的商品配送服务，满足消费者对于快速、方便的购物需求。

六、绿色化

随着全球气候变化和环境问题日益严重，绿色化商圈布局有助于减少碳排放，降低环境污染，促进可持续发展。零售业作为能源消耗和废弃物产生的主要行业之一，需要采取措施减少对环境的影响。绿色化发展有助于降低零售企业的运营成本、提升零售企业的社会形象和品牌价值。随着消费者环保意识的提高，越来越多的消费者开始关注产品的环保属性和企业的环保行为，绿色化有助于满足这部分消费者的需求。

绿色化的发展方向之一是实施绿色生态管理。零售企业在门店选址、设计、装修等方面注重环保和节能，采用绿色建筑材料和节能设备，降低门店的能源消耗和碳排放；通过选择环保、可持续的供应商，推动供应商进行绿色生产，降低整个供应链的环境影响；通过优化物流配送路线，减少运输过程中的能源消耗和碳排放，同时，可以采用绿色包装和回收再利用的方式，降低物流环节的环境影响；通过广告宣传、促销活动等手段向消费者传递绿色消费理念，鼓励消费者购买环保产品，同时，可以设立绿色积分奖励制度，鼓励消费者进行环保行为。

绿色化的发展方向之二是出台引导和支持政策。例如，提供财政补贴，支持零售企业进行绿色改造；建立绿色金融体系，为零售企业提供绿色债券、绿色贷款等融资渠道，降低其融资成本；制定绿色零售商圈的标准和认证体系，确保企业符合环保要求；支持绿色技术的研发，鼓励零售企业采用绿色技术，对其进行技术指导和培训；推广绿色供应链管理，对采用绿色供应链管理的企业给予政策支持和奖励；选择一批具有示范作用的绿色零售项目，给予重点支持和推广；加强与行业协会、企业等各方的合作，建立绿色零售发展协调机制，定期评估绿色化进展，解决发展中的问题。

七、多业态协同发展

未来的零售业商圈布局将更加注重多业态的协同发展，零售企业将围绕多样化、个性化的消费需求展开，各类商业综合体将通过引入不同业态的商家，形成互补优势，提高商圈的整体竞争力和吸引力。例如，餐饮、娱乐、文化等业态的引入，可以与零售业形成良性互动，提高消费者的满意度和忠诚度。

多业态协同发展的发展方向之一是引入互补性的业态。例如，在购物中心内聚合教育、亲子、医疗、健身、旅游、商务等更多样化的服务业态，与零售业形成互补优势，提高商圈的整体吸引力和竞争力。

多业态协同发展的方向之二是实现跨业态的合作与联动。例如，通过会员共享、优惠互通等方式，实现不同业态之间的合作与联动，提高消费者的满意度和忠诚度。

总之，未来的零售业商圈布局将更加注重消费者体验、线上线下融合、智能化数字化、社交化场景化、社区化便利化、绿色化以及多业态协同发展等方面的发展。这些趋势正逐渐凸显出前瞻性和创新性，将为零售业的发展带来新的机遇和挑战，需要零售企业积极应对和适应。这些趋势的具体发展方向需要零售企业根据自身的实际情况和市场环境进行选择和调整，以实现最佳的商圈布局和业务发展。

第八章　零售商业模式创新发展

第一节　零售商业体验式发展

目前，零售业正处于一场被称为“零售商业体验式发展”的变革之中。随着消费者的消费观念和心理逐渐成熟，他们对购物地点的选择变得越来越挑剔。那些传统的、只注重销售商品的零售商店已无法满足消费者日益增长的对美学、文化以及精神交流的需求。为了满足新一代消费者的需求，新零售品牌不得不进行创新，创造出具有强烈体验感、社交性和文化元素的新型商业模式，这导致了一系列全新的体验式零售模式的涌现。

时代不断发展，技术不断更新，商业场景也在不断升级。企业正在逐渐从单纯销售商品转变为销售生活方式。与那些专注于商品展示和销售的传统店铺不同，零售企业现在正逐渐将文化、艺术和体验相结合，打造出融合了艺术、技术和文化的独特购物场所。

商业的持续创新背后反映了消费者日益成熟和对企业的更高要求。正如俗话所说，顾客为王。了解和研究消费者行为已成为每个企业最重要的问题。

当前，Z 世代已崛起成为市场中的核心消费力量。这一代年轻人显著倾向于追求个性化的文化、娱乐体验以及强烈的社交互动。《Z 世代白皮书》的数据显示，社交化已成为驱动 Z 世代消费行为的主要动力。这种强烈的社交需求促使市场涌现出众多以社交为主题的商店和品牌。这些品牌通过构建多样化的场景，为消费者提供集社交、体验与消费于一体的独特购物体验。

随着社交化消费趋势日益明显，购物不再仅仅是消费者购买商品，而是企业为消费者提供有趣、亲密、社交和生活化场景的机会。购物本身已成为一种附加产品。

在数字经济的浪潮下，跨时空的多元消费体验场景正被深度塑造，这一趋势紧密围绕“人货场”三要素展开，引领智慧营销的新潮流。首先，聚焦于“人”的核心地位，企业服务不再局限于产品的简单提供，而是深入挖掘每一位消费者的个性化需求。借助大数据分析，企业能够精准捕捉消费者行为的内在动力、期望水平及满意度，进而构建精细化的用户画像，实现“产销服”全链条的精准追踪与优化。这种对“人”的全方位关注，不仅提升了消费者体验，也为企业的精准营销提供了有力支撑。其次，聚焦于“货”的价值重塑。在数字经济时代，“货”不再只是交易的介质，更是企业与消费者之间情感连接的桥梁。因此，企业构建了异质、迭代且高效的智慧智能“人+货”需求品牌管理体系，该体系以消费者需求为导向，贯穿生产、供应和销售的完整价值链。通过实施“客户了解—客户满意—客户忠诚”的发展策略，企业不仅成功培育了稳定的忠实客户群体，还积累了宝贵的客户资源，有效实现了粉丝经济的高效管理。最后，企业致力于构建“场”的情感归属感，在数字经济购物场景中，注重满足消费者对于物质与情感双重满足的追求，通过创造情感共鸣提升消费者的购物体验。企业积极构建消费者与购物环境之间的有效沟通桥梁，强化“人+场”的紧密联系。通过融合、跨界、多元且舒适的场景设计，企业为消费者提供了丰富的价值文化体验、特色活动，并深刻传递和诠释了企业品牌IP与新消费升级趋势下的跨界融合理念及情感归属。这种对“场”的精心策划与打造，不仅显著提升了消费者的购物体验，还有力推动了零售新业态的创新与重构。

一、不只是消费，还是生活

2018年上半年，文和友于长沙海信广场开设了一家占地近5000平方米、横跨七个楼层的门店，即现今备受瞩目的网红地标——超级文和友。该门店通过汇聚超过十万件的老物件，将大型商超空间巧妙地转化为仿若20世纪八九十年代筒子楼社区的沉浸式环境，展现了极具颠覆性和创新性的设计理念。

长沙超级文和友不仅在整体空间结构的设计上引人注目，其内容装修与场景营造同样令人眼前一亮。顾客在进入后，能够持续发现其内部蕴含的独特魅力与丰富内涵。这种强烈的视觉冲击与极致的场景体验，共同促使超级文和友成为备受追捧的网红打卡地。

超级文和友跨越七个楼层，为每一位到访的食客带来了一场视觉与情感的盛宴。抬头仰望，错落有致的老式砖楼充满了烟火气息，略显昏暗的老旧霓虹灯箱在微光中闪烁，仿佛穿越时空回到了往昔岁月。而在底部的“街道”布局中，竹制座椅整齐排列，宛如盛夏夜晚的街头，期待着每一位疲惫的食客，与三五知己一同品味美酒，享受悠闲时光。

在超级文和友的空间里，高雅与通俗共融，艺术与生活交织。它用废墟中的老物件在现代建筑中重塑历史，用即将消逝的街头巷尾美食留住城市记忆的灵魂。这不仅是对人文精神的深度诠释，更是现代人追求幸福与快乐的源泉之一。

二、核心不是商品，而是情感体验

在当前商业发展的深水期，体验式商业逐渐占据主导地位，其核心理念在于通过精心营造情感场景，为消费者提供丰富的情感载体。体验式商业的核心特点在于构建一个以休闲娱乐为主导，同时辅以购物的综合性购物中心，以满足消费者在物质需求之余对情感满足的追求。这种商业模式不仅提升了消费者的购物体验，还促进了商业空间的多元化发展。其核心理念在于通过真实的生活情景作为起点，精心打造能够触动消费者多重感官并引发心理共鸣的空间。这种商业模式巧妙利用城市环境、建筑风格等外部要素，塑造出别具一格、轻松舒适的消费环境，从而有效激发消费者的购物欲望和积极性。相较于传统的购物中心，体验式商业更为注重环境营造、建筑设计以及业态规划，力求通过合理的布局和独特的风格特色，为消费者提供与其生活品位和消费习惯相契合的购物体验。这种策略旨在打造一个既能满足物质需求，又能满足情感需求的综合型商业空间。

三、不是景区，胜似景区

在当今日益同质化的商业空间竞争中，商业综合体如何脱颖而出并实现盈利已成为业界关注的焦点。实际上，解决方案已初现端倪。逛街和商场游逛不再仅仅是购物行为，而是逐渐演变成一种“休闲度假”和“城市旅游”的新模式。近年来，商业综合体的纯粹商业功能逐渐淡化，标志着商业综合体正经历着从单纯商品交易向多元化、体验化、休闲化转型的过程。这一转变不仅满足了消费者日益多样化的需求，也为商业综合体提供了新的发展契机。通过创造独特的消费体验和提供丰富的休闲服务，商业综合体能够吸引更多顾客，提升顾客满意度和忠诚度，进而实现盈利增长，旅游价值及文化价值提升，促使顾客能够在游玩的同时，对消费产生较大的欲望，从而达成完单。从学术角度审视，这种转型代表了一种更为先进的商业业态，即文旅商业业态。在文旅商业设施中，除了满足基础的餐饮、住宿和交通需求外，更须聚焦于文化的展示与深度体验，以丰富顾客的互动性和沉浸式体验。这一转变体现了商业综合体从单纯的生活化服务向文旅休闲化趋势的显著演进。

未来，持续对消费者进行研究、以人为本的方法和不断创新将成为零售品牌得到消费者认可的唯一准则。

第二节　零售商业智能化发展

无论零售商业模式发展了多久、发展到何种程度，零售活动的本质和发展轨迹都没有发生彻底的变革。它依然是企业直接向终端消费者出售商品和服务的过程，实现了商品和服务的价值。科学技术的发展和消费需求的变化是推动零售行业不断发展与创新的两个主要因素。为了满足日益增长的新需求，零售企业必须注重当代科学技术的发展成果，并将其有效地应用到企业的运营和管理领域中。

“智能+零售”已经成为新型零售的基本形式和内容，也是零售行业广大企业的发展方向和目标。当然，在迅速发展的过程中，我们也看到了少数新型零售企业出现的一些困难和问题。例如，某些零售企业出现了运营困难，没有达成预期的目标；有的零售“新物种”不再运营等。但这些问题与已经取得的巨大成绩相比，属于“智能+零售”发展大趋势下的个别现象，属于发展过程中的枝节问题，而不是主流。以新型零售的代表性企业盒马鲜生为例，该企业一直保持着迅猛发展的势头，截至2019年底，盒马鲜生在全国范围内的门店已突破200家。阿里巴巴董事长张勇指出：“经过三年多的持续探索与创新，盒马已跨越试验阶段，迈入总结与发展的新纪元。”在当前零售业的研究中，现代零售的发展被广泛认为是经历了四次显著的变革。其中，第一次零售变革的标志是百货商店的兴起，这一变革为零售业带来了全新的商业模式和消费体验；连锁式商店经营模式引领的第二次零售变革；开创了开架销售和自我服务的超级市场模式被认为是第三次零售变革；从20世纪末开始蓬勃发展的电子商务被公认为是第四次零售变革。然而，虽然经过了四次比较大的变革，零售行业存在的某些固有矛盾和问题并没有消除，尽管它们表现出来的程度有所不同，但仍然不断出现在零售企业的发展和成长过程中。例如，如何实现个性化的精准营销？如何将价值链方面的所有环节科学有机融合，实现成本和效益的最优化？另外，还有许许多多的难题，用传统零售的技术和措施是难以克服的。

可喜的是，新型零售下的“智能+零售”为这些矛盾和难题提供了可靠的解决方案，“智能+赋能”的零售企业正在经历着第五次零售革命。这次零售革命无论是深度上还是广度上带给零售企业的冲击和影响是无与伦比的。在新型零售下，不论是特大型、大型还是中小型零售企业，不管是传统的“老字号”企业还是成立不久的创业企业，不管是以实体店铺经营为主的线下零售企业还是以电商为主的线上零售企业，智能与零售的深度融合已成为这些新型零售企业的基本形态和核心内容。

一、新技术与“智能+零售”

（一）5G技术与“智能+零售”

与传统零售相比，“智能+零售”的表现就是高效率。也就是说，5G与“智能+零售”有着天然的契合度，两者是相互促进的。如果全面实现了5G通信的技术能力，零售企业与消费者之间的交流速度会迅猛提升，更加突出商品信息传播的即时性。在全渠道模式下，零售企业和消费者的沟通交流，例如，在社交媒体上的交流信息（不论是图片还是视频等）不会再有不清晰或延迟等现象，消费者对商品的了解不再模糊，购物体验满意度会得到更好的提升。零售企业的服务更加专业全面，为做到360°无障碍服务提供了绝佳的技术基础。零售企业完美地结合人工智能、大数据技术，目标人群的用户画像会更加全面、更加精确，对用户需求的反应也更迅捷，有助于提升零售企业的服务水平。

5G通信的应用和普及不仅仅是网速和容量的指数级提升，更将会成为新一代产业互联网互通互联的基础设施。零售企业得到的行业信息、市场信息、商品信息和消费者信息的深度和广度都会有极大的进步，企业与供应链各方的密切合作更加清晰高效，沟通和合作的成本及效益得到实质性的改善。

中国联通研究院院长张云勇在《5G赋能商业高质量发展》一文中深刻阐述了5G作为新一代信息通信技术的核心地位。他指出，5G以其大带宽、低时延和超大规模连接的技术特性，不仅成为拉动国家投资、引领科技创新、推动产业升级的重要引擎，更在数字经济中扮演着日益关键的角色。目前，数字经济在5G产业中的占比已达到34.8%，并预测至2025年，这一比例将显著提升至53%，进一步凸显5G技术的广泛影响力和深远价值。

张云勇进一步强调，5G的本质并非局限于某一特定应用，而是其作为网络平台的开放化特性。这种开放化使得云计算、大数据、物联网、人工智能等先进技术能够首次颠覆传统运营商网络“端到端”的架构，为各行业带来前所未有的创新机遇和变革动力。

在探讨5G技术对商业领域的深远影响时，张云勇院长作出了以下学术性的总结：

就消费者体验而言，随着边缘云计算与5G技术的融合，消费者将能够享受到前所未有的全新体验，标志着消费模式的重大革新。在物流领域，中速与高速配送的普及将极大地优化物流成本，同时显著提升物流服务的效率与体验，为物流行业带来颠覆性的变革。数据的互联互通将成为现实。通过5G技术，人、机、物将实现真正的互联互通，使得零售企业能够进行全方位的数字化运营，包括更为精准的广告投放和会员管理，为企业带来更高的运营效率和效益。商业运营模式将发生根本性转变。传统的“人找物”模式将被“物找人”模式所取代，这种转变将全面降低企业在运营过程中的人力成本，提升企业的竞争力。

（二）区块链与“智能+零售”

区块链，作为一种分布式的共享账本及数据库技术，其独特属性为其构筑了坚如磐石的“信任”基石。具体而言，区块链的去中心化特质、数据不可篡改性、全程留痕的可追溯性以及公开透明的信息共享机制，共同确保了信息的可靠性与真实性。这些特性不仅保障了区块链技术的“诚实”与“透明”原则，更使其成为促进多主体间协同合作、建立信任关系以及实现默契行动的有力工具。

区块链技术及其具备的特征，与“智能+零售”企业的需求非常契合，可以为“智能+零售”起到巨大的赋能作用。基于此，越来越多实力突出的零售企业加大了区块链技术的推广和应用。京东集团在区块链领域进行了很大的投入。据报道，京东集团旗下的京东数字科技在区块链领域已累计申请近200项专利。京东数字科技强调，借助大数据、人工智能、物联网及区块链等前沿技术的集成与引领，数字科技正逐步深化与金融及实体产业的融合，推动产业向更加互联网化、智能化的方向发展，从而实现产业的数字化转型与升级，并朝着数字化、智能化方向迈进。这些技术不仅为产业带来了革命性的变革，也为企业的创新发展提供了新的动力。2019 年 4 月 9 日，京东发布了《京东区块链技术实践白皮书（2019）》，该白皮书深入剖析了京东区块链在多个应用场景中的技术实践。书中详细介绍了五大类应用场景下的具体案例，展示了京东区块链如何在实际业务中发挥关键作用。此外，白皮书对京东区块链的技术优势进行了详尽的学术阐述，这些优势包括但不限于其高效、安全、可扩展的体系架构设计。同时，白皮书还展望了京东区块链技术的未来发展规划，为相关领域的学术研究和实践应用提供了有价值的参考。京东区块链的实践案例展示了其在供应链管理、智能合约、防伪溯源、版权保护及金融安全等多个领域的应用潜力。这些案例不仅证明了区块链技术的实用性和有效性，也为其他企业提供了宝贵的参考和借鉴。未来，随着技术的不断进步和应用场景的不断拓展，京东区块链将继续发挥其在产业数字化转型中的重要作用，推动实体产业向更高效、更安全、更智能的方向发展。

在平台构建层面，京东已构建出两大核心技术平台：智臻链区块链即服务平台（JD BaaS）与智臻链底层引擎（JD Chain）。依托在区块链技术领域的深度研究与广泛实践，京东已成功跻身全球范围内少数几家在区块链技术领域拥有丰富实际应用场景的大型企业之列。

第三节　零售商业 + 互联网模式发展

零售商业与互联网模式发展的关系可以理解为：零售商业在利用互联网的优势推进自身转型和升级，同时互联网也为零售商业提供了更加丰富的可能性和创新方向。随着消费者对互联网购物的接受度提高，零售商业也不断地尝试新的营销、销售和客户服务模式。传统零售商在行业转型和变革中，利用互联网提高品牌知名度，创造新型产品、创造差异化的品牌形象，扩大营销渠道，在带来重要竞争性的同时挖掘新的增长。

直播电商能够融合传统电商和直播互动等优势，使用户更直观地了解产品信息，从而做出购物决策。组建专业团队则能够保证运营新媒体矩阵的专业性和高效性。本节还着重介绍了发展线上社群运营以增强用户黏性，并且提供了相关策略和方法。借助马斯洛需求层次理论探讨了社群对满足人们社交、尊重和自我实现等需求带来的正向影响；从多角度深入分析了如何通过社群的运营，利用大数据和AI等技术，构建个性化需求兴趣的社群模型，提高用户互动及参与度，并打造差异化的营销活动。

一、着重发力线上直播电商

直播电商可以升级企业销售场景，改善用户购物体验。企业可搭建官方直播间，让顾客通过其购买产品。直播间通过提供更多交互功能来展示商品，有助于消费者更加真实、直观地识别产品的优缺点，进而形成更为全面的产品认知。此外，借助现代通讯技术，消费者可以实时与在线主播进行互动交流，获取更为详尽的产品信息，使得他们在购物过程中获得更好的服务和竞争优势，并进一步拉近了与产品之间的距离。除了为企业提供销售产品的功能外，直播电商还能够帮助品牌准确营销，并提高宣传效率。

（一）在发展初期进行抖音矩阵布局

在打造抖音矩阵时，首先需要明确该媒体矩阵要达到什么样的目的。一般来说，抖音矩阵常被用于营销转化，即通过吸引同类需求和兴趣的粉丝，使其对产品或品牌产生认知和兴趣，并最终转化为客户或消费者。

而在建立矩阵布局时，我们需要确定相关账号（包括自有账号或合作账号）的媒体定位和分享内容，需要找到消费者关心的企业关键词。

以长富牛奶为例，布局与长富牛奶企业有关的抖音矩阵，首先要找出消费者所关心的关键词。可以借助百度指数、微信指数、抖音巨量算数等分析工具应用于对“牛奶/乳制品”相关关键词的搜索和监测，以获取相关话题的关注度、讨论热度等信息，进而找到消费者的消费痛点，找出行业关键词，如奶茶、早餐、牛奶和酸奶等（见图8－1）。这些关键词将成为我们新媒体定位的依据。

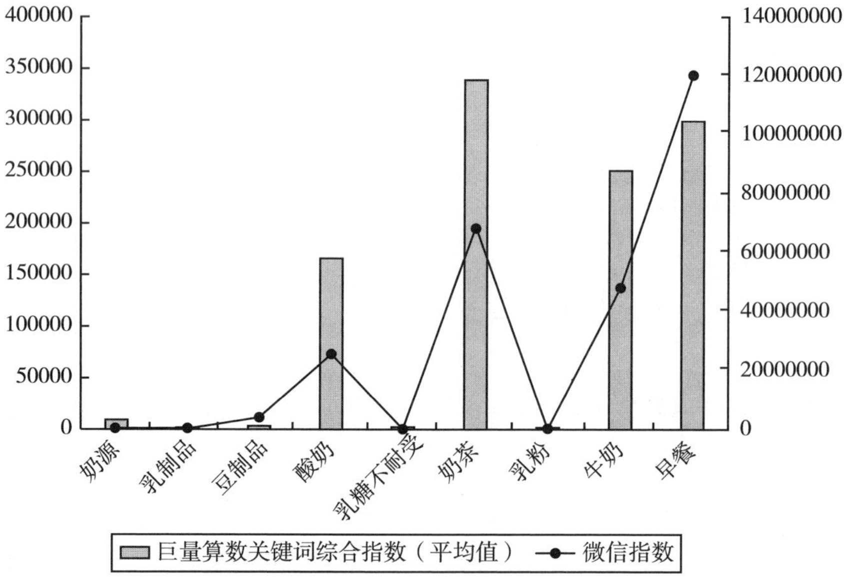

图8－1　关键词指数搜索

注：由笔者绘制，素材来源于网络。

在构建和优化账号布局时，需要紧密围绕这些内容确定其核心定位，以确保内容的一致性和专业性。在推广“奶茶”相关产品的账号中，我们可以分享一系列不同口味的奶茶制作方法以及搭配建议。例如，如何以长富巴氏鲜奶为基底自制一份美味又健康的冬瓜露奶茶。

在关于“早餐”的账号中，我们可以分享各种丰富多样、易于制作的早餐食谱并介绍其健康重要性，从简单的鸡蛋三明治到香蕉燕麦粥，这个账号会让你远离枯燥的营养餐单，开始拥有一个美好的早晨。

对于“牛奶”，则可以分享相关的知识，包括品种、营养成分和生产过程等，通过了解更多关于牛奶的信息，我们可以更好地利用好牛奶，并让牛奶成为我们健康生活方式的一部分。

而针对“酸奶”，该账号可专注于分享创意酸奶制作方法和口味，如蓝莓酸奶、柠檬罗勒酸奶以及朗姆酒葡萄酸奶等。通过尝试这些美味又健康的酸奶口味，我们可以更好地保持身体健康，并享受到美食的乐趣。

需要注意的是，在打造企业的矩阵账号时，一定要想方设法从各个角度体现出企业产品或企业理念、企业文化，无论是账号主页的名字、头像、个性签名、主页背景图片、互动交流风格、视频下方 tag 等都是可以做文章的地方。

如图 8 -2 所示，每个传统企业都可以参考利用这个流程图，从企业自身角度出发，弥补线上商业模式的不足。

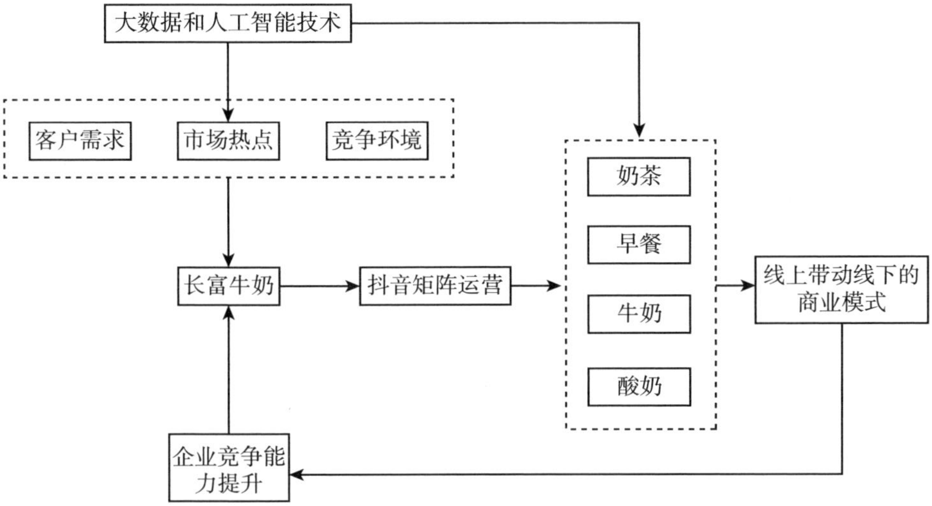

图 8 -2　以长富为例的抖音矩阵运营流程图

注：由笔者绘制。

之所以要发展以上抖音账号矩阵，最后都是为了让用户了解企业，通过不同的账号和内容达到吸引粉丝并进行营销转化的目的。尽管这些账号不同，但它们的视频内容都与产品直接相关，从而吸引了拥有共同需求和兴趣的粉丝，自然而然地实现了营销的目标。

（二）搭建企业官方直播间

对于一个专业的直播团队，企业通常需要招募以下七个不同岗位的人才。

主播：主要负责在直播间进行产品销售并调动气氛。需要具备良好的语言表达能力、产品认知度以及销售能力，并且愿意在网络直播中持续发挥所长。

运营：通过推进直播工作、拍摄制作视频、官方活动策划等方式提升品牌的知名度和销售额。主要职责包括根据市场趋势挖掘爆款商品、提炼产品卖点并优化直播玩法、管理直播间的内容更新、上传以及定期的数据分析报告等。

场控：负责粉丝互动的管理与控评，提高用户停留时间、购买兴趣和忠诚度。主要职责包括维护直播间公屏秩序，提高观众留存度并加强社群建设。

拍摄剪辑：从客户的角度出发，负责拍摄直播节目、撰写文案、剪辑视频等，让视频资源更好地为宣传可用。此外，还负责整理产品素材以及向团队其他成员输出制片指导。

客服：在直播期间负责为用户解答疑问、回复消息，跟踪订单流程以及维护客户关系。需要有良好的沟通技巧以及客户服务经验，并能够快速响应各类需求和问题。

选品：负责统筹选品过程中的产品筛选、测试、供应管理等，根据销售数据调整产品选型，并与团队成员进行交流协调，确保产品在销售环节中达到最大价值。

投放：主要负责线上投放的规划、执行及效果分析等工作。需要具备市场策划、市场推广经验和相关的数学及计量统计知识等相关素养。

二、发展线上社群运营，增强用户黏性

根据马斯洛需求层次理论，人们在基本需求得到满足之后，更加关注中层和上层需求的满足。社群作为一个社交实体，满足了成员的社交需求，即建立和维护人际关系的需求；尊重需求，即渴望得到他人认可和尊重的心理需求；以及自我实现需求，即追求个人潜能的充分发挥和自我价值的实现（见图 8 -3），并为人们提供信息获取和娱乐消遣平台。

此外，由于社群可以形塑认同感并凝聚情感，企业应积极利用社群平台，深化与用户的互动，旨在提升用户黏性，并推动商业价值的转化。随

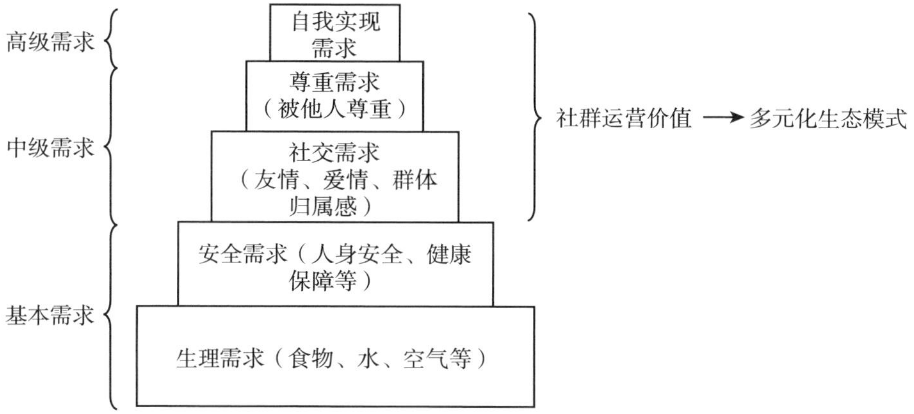

图 8-3　马斯洛需求层次理论与社群运营的关系

注：由笔者绘制。

着社群边界的日益模糊，逐渐衍生出“企业+产品/服务+社群”的多元共生生态模式，这种模式有助于企业构建更为丰富和全面的价值网络。

品牌形象是产品在消费者心中的独特定位，而口碑营销已成为社群营销的核心手段。当代消费者在注重产品质量的同时，愈发重视品牌的深层含义及产品文化的展现。在建立社群初期有众多渠道可以获得用户（见图8-4），把不同渠道、不同内容获得的用户分门别类，建立不同类目的社群，如健身人群，对长富牛奶的高蛋白感兴趣；或者是母婴类社群，看中的是孩子的健康……把不同需求的用户归纳到一起，方便精细化构建。精准把握社群的需求，在社群营销中，构建差异化的营销策略至关重要。通过运用大数据和人工智能等前沿技术，社群运营者能够实施精准的需求分析，深入洞察社群成员的具体需求点，并有效识别潜在的消费者群体，从而为社群营销提供有力的数据支撑和策略指导。基于这些分析结果，社群运营者可以制订针对性的营销策略，确保活动内容、形式、时间等都与目标受众的喜好和习惯相契合。社群成员参与这些活动，会让他们感觉到被重视和关怀，从而提高他们的购买意愿和决策能力，并为产品或品牌带来更多曝光和认知度。

在企业社群运营一段时间以后，可以根据设定一定的约束条件，如订

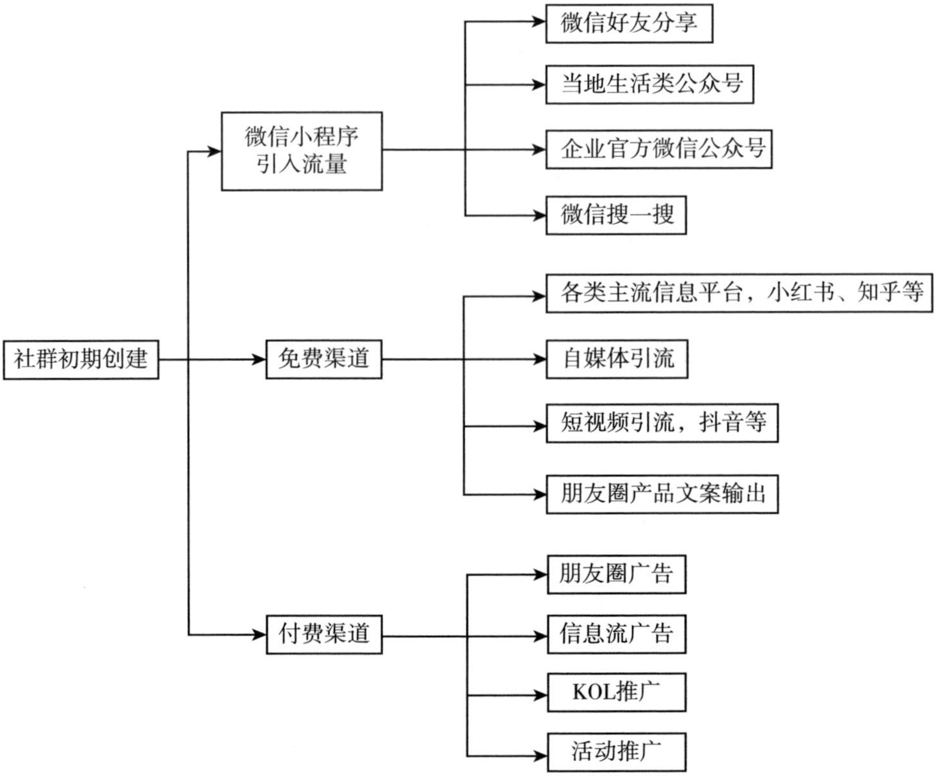

图 8－4　企业社群运营初期引流方案

注：由笔者绘制。

购三个月长富牛奶，或者达到一定消费积分来筛选出核心用户，成立 VIP 社群。

设置 VIP 社群的特殊福利，如新品免费尝鲜、每日优惠券发放、会员折扣等。如果是从母婴类目筛选出来的 VIP 社群，设置每日定时营养师解答群友疑问；健身爱好者筛选出来的 VIP 社群，安排健身教练在群里教授动作技巧要领等。对于经常帮助解答疑惑、提供价值的活跃用户，对社群的黏性确实较高，更容易形成忠实的用户群体，向他们提供额外的奖励或商业机会，如提供优先购买权或咨询机会等，以鼓励他们继续为社群作出贡献。

第四节　零售商业价值链创新发展

价值链本质上就是企业内部业务运作的关键链条，也就是为企业创造商业价值的各个价值环节，这些环节就是企业内部商业运作、业务流转的关键环节，每一个企业的核心竞争力都体现在不同的价值链环节，价值链实质上是企业创造商业利润的关键链条，它不仅是企业发展的内在驱动力，也是企业自我造血、维持运转的核心系统。

一、依托大数据准确定位市场

在零售企业的运营中，市场定位的核心在于紧密契合顾客需求，特别是在大数据时代背景下，累积丰富的客户数据对于实现精准市场定位和完善营销基础具有举足轻重的意义。

数据资源的积累是市场定位的基础。数据资源可细分为第一方数据和第二方数据。第一方数据直接源于零售企业，涵盖客户交易、发货等核心信息；而第二方数据则通过社交平台等外部渠道获取，反映客户的交易行为模式。在数据收集过程中，必须严格遵循合规性原则，并充分利用第三方合法获取的数据资源。此外，对收集到的数据进行标准化处理至关重要，以确保数据的统一性和准确性。例如，通过统一用户信息的记录格式、制订明确的字段规则等，提升数据质量。数据的清晰与整合同样不可忽视。需要清理掉虚假和误入的信息，利用相似度模型匹配不同类型的数据，为了实现用户数据的全面整合和深度分析，应建立独特的客户识别码，并基于此构建详细且丰富的用户数据画像。这一举措有助于深入理解用户特征、行为偏好以及潜在需求，为后续的精准营销和个性化服务提供有力支持。这一过程有助于企业更精准地理解用户属性、行为、偏好以及产品选择。通过深入的数据分析，企业可以精确锁定目标客户群体，并基于用户对品牌、价格、购买渠道和促销种类的偏好，以及产品型号和名称的选择，制订更具有针对性的营销策略。结合价值链理论和大数据应用，零售企业能够更有效地实现市场精准定位，提升市场营销效率，进而增强企业的竞争力和盈利能力。

综上所述，结合价值链理论和大数据应用，零售企业可以更加精准地定位市场，提高市场营销的效率，从而增强企业的竞争力和盈利能力。

二、注重产品自身提升竞争力

在价值链的深度剖析中，产品无疑构成了企业硬实力的核心支柱。产品的竞争力尤为显著地体现在其性价比上，即产品质量的卓越性与价格的合理性之间的最佳平衡。为构建有效的市场营销策略，对同类型竞争产品数据的系统采集与分析显得尤为关键。这些数据不仅有助于企业对产品质量进行量化、客观的评估，还能确立市场中的质量基准。进一步结合价格数据，通过设定合理的区间系数，企业可以计算出产品的性价比系数。通过对比本企业产品与竞品的性价比系数，企业能够科学、合理地设定产品价格上限，从而在市场竞争中占据有利地位。

在当前供过于求的市场背景下，精准契合消费者需求成为企业竞争的关键所在。通过网络平台丰富的商品信息，企业可运用先进的数据挖掘技术，构建详尽的客户画像，深入剖析消费者的核心诉求，并精准预测市场发展趋势。基于这些深入的市场洞察，企业能够提前战略布局，研发出多样化且创新的产品线，以精准匹配不同消费者的心理预期，从而显著提升产品的市场竞争力与核心优势。

此外，优化产品组合是提升销售额的一项关键策略。产品组合的优化不仅涉及实体商品之间的巧妙搭配，如通过果味茶叶与精美茶杯的组合销售，以互补性促进双方销量增长；还涵盖实体商品与虚拟内容的创新性结合，如利用短视频平台上的宠物博主影响力，推广宠物用品，实现虚拟内容与实体商品的融合营销，从而增强销售效果。

在面向多元化目标群体时，企业应实施差异化的服务策略。具体而言，针对高收入群体，鉴于其对产品整体服务质量和功能的高要求，企业应以价值链理论为指导，将个性化服务和产品功能的卓越性作为市场营销的核心优势。通过这一策略，企业不仅能有效提升目标消费者的满意度，还能进一步增加销售额。通过系统的市场分析和精确的产品定位策略，企业能够更准确地把握市场需求和消费者偏好，从而制定出更为有效和具有竞争力的营销策略。这种分析过程不仅涉及对目标市场的深入研究，还包括对竞争对手、消费者行为以及市场趋势的综合考量，以确保产品能够满足消费者的期望并在市场中脱颖而出，企业能够在竞争激烈的市场环境中凸显其独特价值，从而脱颖而出。

三、构建差异化价格体系

在零售企业的市场营销策略中，价值链理论为产品定价提供了重要指导。针对同一品牌但附加价值不同的产品，企业可以实施差异化定价策略。考虑到不同消费群体的价格敏感度差异，高收入且对价格不敏感的群体更看重产品的功能与质量，因此，针对这部分客户，可以提供高端定价以满足其需求。然而，对于大多数价格敏感的消费者，企业需要在确保价值链各环节协同运作的基础上，合理设定价格，防止价格战等不正当竞争。

为提升产品的性价比和市场竞争力，企业需要在多个生产环节实施严格的成本控制。对于中小型制造企业而言，规模化生产同类产品以分摊成本成为降低价格的核心策略。因此，企业需要依托价值链理论，从成本设计、研发、采购至生产等全链条出发，实施精准的成本控制与优化，以确保成本效益最大化。

最终，借助电子商务平台，企业可构筑稳健的价格管理体系。通过大数据技术对同类零售产品的价格与销售数据进行深度挖掘与分析，企业能够构建灵活且动态的价格调整机制。此举不仅有助于企业提升产品的性价比，形成显著的价格优势，还能在同质化竞争激烈的市场中脱颖而出，进而增强整体市场竞争力。

四、营销模式多样提升顾客兴趣

在价值链理论框架下，生产与销售活动共同构成了产品价值的完整链条，旨在实现价值创造与价值实现的有机结合。为了实现产品价值的最大化，营销过程需要覆盖产品的全生命周期，建立全面、系统的营销网络。

对于零售企业而言，线下营销应着重建立多渠道网络。这包括与渠道商建立紧密的合作关系，共同开拓销售区域；根据销售量划分销售渠道层级，制订高效的对接流程；与渠道商共享信息，共同优化销售策略。

对线上企业而言，企业应充分利用各大电商平台，实现产品的广泛覆盖。与此同时，企业需要积极培养更为专业的营销人才，以确保营销策略与互联网数字化趋势紧密结合，提升营销的业绩。

在提升消费者购买体验和产品口碑方面，零售企业应深入洞察消费者的支付习惯与购物偏好。通过实施送货上门、价格优惠、赠品策略、积分回馈等多元化服务举措，不仅能够优化消费者的购物体验，还能增强其对产品的认知与满意度，从而进一步提升产品的市场竞争力。

第九章　零售商业模式对社会经济的影响

第一节　零售商业模式社会经济适应性

一、社会经济环境的变化对零售业的影响

社会主义市场经济体制融合了市场机制和政府干预，以确保市场在资源配置中的决定性作用，并保障社会主义的公平和正义。[①] 这一经济模式是中国改革开放的重要成果，也是中国特色社会主义的重要特征。其核心目标是实现共同富裕。其理论支柱源自马克思主义政治经济学，并充分考虑中国的国情和历史，而非简单套用其他国家的模式。在以习近平同志为核心的党中央坚强领导下，以习近平新时代中国特色社会主义思想为指导，全面贯彻党的十九大和十九届二中、三中、四中全会精神，坚持稳中求进工作总基调，坚持新发展理念，坚持以供给侧结构性改革为主线，坚持以改革开放为动力推动高质量发展，扎实做好“六稳”工作，全面落实“六保”任务，坚定实施扩大内需战略，以新业态新模式为引领，加快推动新型消费扩容提质，坚持问题导向和目标导向，补齐基础设施和服务能力短板，规范创新监管方式，持续激发消费活力，促进线上线下消费深度融合，努力实现新型消费加快发展，推动形成以国内大循环为主体、国内国际双循环相互促进的新发展格局。随着改革开放进程的加快，中国自加入世贸组织以来，社会主义市场经济不断完善。在以公有制为主体多种所有制经济并存的经济模式下，零售商业模式也随着经济体制的不断进步而保持着日新月异的自适性迭代升级。本书前面已介绍我国发展的不同阶段有着不同的零售商业模式，在

---

① 张光杰．中国法律概论［M］．上海：复旦大学出版社，2005.

这里不过多赘述，我们可以发现的是零售经济的发展与科学技术的进步有着十分密切的联系。在邓小平同志提出“科学技术为第一生产力”的概念以后，我国的生产力水平飞速发展，工业化与城镇化的进展之快让西方发达国家瞠目结舌，其中搭上快车道较为显著的莫过于零售业与互联网行业。

二、电子商务的兴起与影响

在新零售模式下，公司利用网络作为基础平台，借助数据分析、机器学习等先进工具来提升产品制造、流转及营销流程，并深化线上服务的互动性和实体店面的客户体验，同时优化现代化物流系统。简而言之，新零售是以大量信息为核心驱动力，结合科技创新和服务质量的提高，全面改革了传统零售行业的结构。如果说零售的本质就是相对便于交易的商品于开放的市场上流通，那么新零售的特征就是在传统零售业的基础上大幅提升消费者的购物体验和大幅度的降本增效。我国的矛盾已经从上一阶段的“人民日益增长的物质文化需求同落后的社会生产之间的矛盾”转变为现阶段的“人民日益增长的美好生活需要和不平衡不充分发展之间的矛盾”，而零售业态也正处于转型期，其新零售的新式购物体验旨在提供更为简便、有效的消费者服务；同时增加更多的商品选项及品种多样化来更好地适应人民的更高品质要求和生活追求。2016 年马云曾在“云栖大会”上提出未来将没有电商这一概念，取而代之的是新零售。这意味着无论是传统零售业还是传统电商产业都将发生翻天覆地的革新，且呈现融合业态的发展趋势，创造出更多消费终端的需求，从而带来更多的就业机会。例如，新媒体赋能传统电商，让之前没有机会直接对接消费者的一些农产品通过新兴的零售方式得以直接呈现于消费者眼前，为解决一系列不平衡不充分的发展问题添砖加瓦。近些年来，中国的新兴消费形态如网上购物、移动付款和实体与虚拟结合等方式快速增长，特别是在疫情暴发后，传统的面对面交易受到了阻碍，而这些新兴消费方式却起到了关键性的保护作用，确保了民众的基本需求得到满足，并助力国内消费的复苏，从而稳定了经济发展。消费者需求与行为转变传统零售行业的历史源远流长，从早期的柜台交易发展至今的商超模式，均可视为传统零售业的一部分。其中，超市和百货商店作为传统零售的核心业态，以其显著优势著称：消费者在购物时能够享受试穿、试吃、试玩等互动体验，从而极大地满足了他们的需求。然而，这一领域也面临着不少挑战，包括单一销售渠道、不均衡的商业网点分布、高昂的成本以及数据驱动的应用不充分等。

新零售模式适用于多个行业，如生鲜电商、连锁超市、便利店、跨境电商、母婴店和3C产品等，这些领域主要解决了销售通路、流量吸引问题，并致力于建立社区生态系统，进一步整合资源以扩大销售规模。特别是中国的连锁便利店品牌，由于其鲜明的地域特色，新零售的兴起促使这些品牌在全国范围内扩张。对于购物中心和百货商场而言，全渠道战略的实施旨在打通线上线下的生态圈，实现商品、营销、物流及数据方面的资源共享。随着传统购物中心的商业模式逐渐触达其增长极限，单纯依赖租金收入的模式已经难以为继。因此，转型成为一个重要的议题，而新零售模式则为这一转变提供了新的方向和机遇。将购物中心变成超级体验中心与旅游目的地，实现多层次混合收入结构。混合所有制经济是我国社会主义制度经济的一大特色，在传统零售业萧条、网购零售增速放缓的情况下，为促进混合所有制经济的平稳运行解决好供给与需求端所存在的矛盾，各大电商巨头和传统零售品牌企业纷纷探索新零售，同时也吸引了大量的投资资金进场。2020年10月，共有26例私募融资案例，总计融资超过90亿元人民币。宏观经济减速、电商冲击等不利环境不能消除，加上区域分割、联营模式等本身的问题还在，因此，零售产业的基础很难得到明显的提升。但是，零售公司在便利商店和生鲜超市的业态上的优势越来越明显，而线下的零售也在积极地向互联网+零售的方向发展，例如，通过推进移动社交电商的平台模式，在国有企业改革的基础上进行改进，或者是通过对供应链服务、大健康等新消费的成长机遇的探索，都是值得发掘的投资机遇。

早在2016年国务院办公厅发布的《关于推动实体零售创新转型的意见》，就将“新零售”确定为国家未来努力的发展方向。[①]“新零售”的发

① 国务院办公厅．关于推动实体零售创新转型的意见，国办发〔2016〕78号．

展已经证明，它既不是我们日益依赖的网上门店，线上下单送货上门，也不是传统街边所见的零售商铺，产品陈列体验直观，而是实体经济线上线下的一种高度融合趋势所带来的新兴发展模式。① 目前，整个零售行业的革新正在如火如荼地展开，大量资金涌入市场，但同时也有许多热门品牌的生存受到挑战，面临着关闭或者破产的风险。这些新闻不断提醒我们：一些刚刚起步不久的新业态品牌，甚至不到两年的寿命就被曝光出要停止营业或是倒闭的消息。此外，由于开设店铺及经营所需的高昂成本，像无人售卖机、无人便利店这样的新业态也带来了额外的设备保养和修理支出。再到杭州试点关停互联网直播带货，为保证线下实体经济平稳运行，新零售的发展几经波折，未来该何去何从或许得从社会主义市场经济的本质出发去研究。王超贤（2016）对比中美线下零售体系，认为美国零售以自营式网络零售模式为主，而中国多是平台型网络。② 他比较了中国的线下销售系统和美国的同类系统，指出在美国主要存在的是自主经营型的在线购物方式，而在中国则更多地表现为平台式的线上交易形式。实际上，“新零售”商业策略的发展是为了更好地服务于公众的需求，包括不断提升的生活水平及更高的精神文化追求。这种策略旨在提高客户与企业的互动频率，优化他们的消费体验，使他们能享受到超越期望的产品和服务，从而加强其对于品牌的好感和忠实度。不论如何变革，始终要回到零售业的基本原则：消费者永远都是零售的关键所在。经过一段时间的热潮后，我们看到很多零售业务正在逐渐冷却下来，并再次审视“新零售”行业的成长路径、利润模型等。

三、政策优化与完善促进零售商业模式与社会经济相适应

政策工具理论是指研究政府如何选择和运用不同的政策手段来实现既定的政策目标的理论。政策工具可以分为行政工具、经济工具、信息工具

---

① 转型的意见．国办发〔2016〕78 号．

② 狄蓉，曹静，赵袁军．“新零售”时代零售企业商业模式创新［J］．企业经济，2020（04）：37－45．

和法律工具等[①]。不同的政策工具有不同的优缺点，适用于不同的情境和目标。政府在制定和执行政策时，需要根据实际情况，综合考虑政策工具的有效性、效率、公平性、可行性等因素，选择最合适的政策组合[②]。中国宏观调控政策是指中国政府为了保持经济平稳增长、防止经济过热或衰退、维护经济体制改革和社会稳定，采取的一系列调节国民经济总量和结构的政策措施。中国宏观调控政策主要包括财政政策、货币政策、产业政策、价格政策、外汇政策等。中国宏观调控政策在不同的历史时期有不同的重点和特点。从计划经济向市场经济转型的过程中，中国宏观调控政策也从主要依靠行政手段向主要依靠经济手段转变。从政策赋能的角度来看，中国宏观调控政策对新零售商业模式的影响主要表现在以下几个方面：第一，中国宏观调控政策通过财政支出、税收优惠、金融信贷等经济工具，为新零售商业模式提供了资金支持和激励机制。例如，《关于推动实体零售创新转型的意见》提出了加大财税金融支持力度、鼓励金融机构加大对实体零售企业信贷投放等措施。第二，中国宏观调控政策通过规范制度、法律法规、监管标准等法律工具，为新零售商业模式建立了规则框架和保障体系。例如，《电子商务法》《网络安全法》《消费者权益保护法》等法律法规，对电子商务活动中涉及的消费者权益保护、数据安全、反垄断等问题进行了明确规定。[③] 第三，中国宏观调控政策通过宣传教育、信息公开、数据共享等信息工具，为新零售商业模式提供了知识普及和数据支撑。例如，《关于推动实体零售创新转型的意见》提出了加强电子商务人才培养、建立电子商务统计监测体系、推进电子商务数据开放共享等措施。新零售商业模式与社会主义市场经济在中国背景下存在一定的适配性。这种模式强调创新、科技、数字化，与社会主义市场经济政策支持高科技和数字经济发展相契合。它还有助于城乡融合和可持续发展，符合社会主义市场经济的政策方向。然而，它需要克服监管、数据隐私、公平竞争等挑战，

① 黄红华．政策工具理论的兴起及其在中国的发展［J］．社会科学，2010（04）：13－19，187.

② 王超贤．中美差异化网络零售模式根源的探索［J］．现代管理科学，2016（01）：58－60.

③ 商务部解读《“十四五”电子商务发展规划》．https：//www. gov. cn/zhengce/2021－11/01/content_5648151. htm.

以确保模式的合规性和可持续性。政府和企业之间的密切合作是实现这一平衡的关键。新零售模式同时为中国经济创新和增长带来新机遇，与社会主义市场经济共同发展，通过精准分析市场需求、引入竞争机制、推动创新驱动发展、促进转型升级和践行绿色发展理念，高度适配于社会主义市场经济的发展要求。它满足了消费者日益增长的多元化需求，鼓励竞争并推动经济发展，优化产业结构并提高经济质量，同时也符合社会主义市场经济推动可持续发展和绿色发展的理念。

第二节　零售商业模式繁荣社会经济发展

零售商业模式以多种方式推动社会经济的繁荣。它运用大数据和人工智能等技术，精准分析消费者需求，提供个性化、多样化的商品和服务，满足不断增长的需求。同时，零售商业模式引入竞争机制，激发市场的竞争性发展，推动商品和服务的创新和升级，有利于经济的持续发展。此外，它通过数字化、智能化技术优化供应链、降低运营成本、提高服务质量，改善消费者购物体验。零售商业模式的转型升级也有助于优化产业结构、提高经济质量。最后，它积极践行绿色发展理念，通过优化供应链、降低物流成本等措施，减少资源浪费和环境污染，推动经济可持续发展。因此，零售商业模式在满足消费者需求、引入竞争机制、推动创新驱动发展、促进产业升级以及践行绿色发展理念等多个领域都发挥了积极作用，为社会经济繁荣和发展作出了重要贡献。以下是一些极具代表性的新零售企业，如表 9－1 所示。

表 9－1　新零售企业分类

分类	代表企业
综合电商	阿里巴巴、京东、拼多多
生鲜电商	美团买菜、每日优鲜、叮咚买菜
社交电商	小红书、微信、微博

续表

分类	代表企业
新零售平台	京东到家、饿了么、盒马鲜生
新兴电商平台	唯品会、当当网、聚美优品
O2O 平台	兴盛优选、永辉超市、7-11 便利店
线下零售商	物美超市、步步高超市、屈臣氏
传统零售商转型	王府井、华润万家、步步高超市
新兴品牌零售商	小罐茶、瑞幸咖啡、喜茶
服务商与解决方案提供商	腾讯智慧零售、阿里云、京东数科

一、零售商业模式与数字经济的融合发展

阿里巴巴集团旗下的盒马鲜生作为新零售业的领头企业，对促进社会经济的繁荣发挥着浓墨重彩的作用，凭借其强大的数据与前沿的技术，已经成为一个全球领先的新零售平台。2016 年 1 月，首家盒马鲜生店正式开业，至 2022 年 8 月 10 日，全国共有 27 个城市开设了 329 家门店，为消费者提供便捷的购物体验。这是一个专注于生鲜 O2O 的平台，旨在为消费者提供当日新鲜的食材。使用者可以在手机 App 上完成订单，并在距离门店三公里的地方享受配送或者自行购买。此外，该公司还在线下门店中融入了超市和餐饮业态，提供海鲜吧、茶饮区等多种服务。[①] 盒马鲜生的运营方式独具特色，采用了“店仓一体化”的方式，这与传统的前置仓库模型有所区别。这一模式允许线下门店既充当自营前置仓库，为线上仓储和配送提供支持，又开展线下实体店的经营。盒马鲜生涵盖了多种业态，包括生鲜超市、餐饮店和便利店，这种多元化的业态组合使其能够满足不同消费场景的需求。不仅供应新鲜食材，我们还提供了部分加工食品、熟食整装产品、糕点及休闲零食，并延伸至餐饮配送服务，以此来满足人们日渐丰富的消费需要。伴随着阿里巴巴公司的飞速进步，盒马鲜生的业务范围

① 杨蕊．新零售背景下 B 生鲜集团公司商业模式优化研究［D］．中原工学院，2023.

已扩展到多个领域，如 F2、盒小马、盒马菜场、盒马社区、跨境 GO、盒马面包房、盒马 X 会员商店等。这众多领域的拓展展示出多达十余个不同类型的经营方式，使得盒马成为一个充满多元化和创意性的零售名牌。2020 年 9 月 11 日，阿里宣布申请注册“盒马火”。截至 2022 年 8 月 4 日，阿里巴巴集团发布了第一季度的业绩，表现大幅超出市场预期。同比，盒马鲜生的商品销售总额（GMV）上升了 30%，这一显著的增长成果凸显出了其在中国零售业的重要地位和成功经验。

新的零售业态能推动社会的进步与增长，这主要是由于它具有五个关键特性：其一，它是基于数字化变革的；其二，它的核心在于智能化转变；其三，它依赖于数据分析和智能算法来提升效率；其四，它利用了线上平台作为销售渠道；其五，它注重用户体验和服务质量。例如，B 生鲜集团公司的运营方式就是采用自家的 ERP 系统根据需求进行采购，确保食品的新鲜度，并借助数字营销手段向顾客传递商品信息，最终由网络电商平台完成订单配送至顾客手上。以盒马鲜生为例，他们利用智能农业技术提高果蔬产出的质量与数量，并借助大数据分析不同地区的人口特征，如老年人和年轻人的数量，来优化货品储备。在老年人居多的社区，他们将蔬菜作为引流商品，促进其他商品的销售，而在年轻人较多的社区，则强调便捷的购物体验。此外，社交化转型在新零售领域崭露头角。随着社交平台的蓬勃发展，社交媒体已经成为企业实现社交互动和广告宣传的主要平台。充分利用社交媒体平台有助于企业吸引更多流量，树立品牌影响力，提高客户忠诚度，从而增加客户的再次购买。盒马鲜生可以在社区内建立团购群，定期发送特价商品和新服务的消息，通过社交媒体平台推广产品，同时提供高质量的售后服务，以提高客户的复购率和公司的收入。另外，多渠道销售成为新零售的一大特征。随着物流技术的快速发展，冷链运输已成为普遍的物流方式。因此，企业可以实现多渠道销售，从采购到销售都采用多渠道方式，从而降低成本并完善供应链。盒马鲜生通过多渠道采购以确保不同地区的供应量和品质。另外，他们可以在多个平台上销售产品，以满足消费者多样化的购物选择，并提高品牌知名度，实现供应和销售的“双赢”局面。除此之外，定制化服务也是新零售的显著特点。在信息爆炸的时代，消费者对商品种类有更多了解，购买习惯也发生了变化。盒马鲜生的产品种类已扩展到1000多种，以满足不同消费者对不同产品产地和新鲜程度的需求。此外，他们还提供定制化服务，以满足消费者对产品特性的个性化需求。除了上述特点外，消费提升与消费者群体转变亦是新零售时代的核心要素。伴随中等收入者的壮大，顾客对优质购物体验和服务质量的需求也在增加。同时，伴随着人口老龄化的趋势，具备强大购买力的人群逐渐趋于年轻化，这使得消费群体的变化成为新零售的重要因素。

二、零售商业模式助力供给侧结构性改革

根据美国学者迈克尔·波特的整合营销分析，新零售商业模式主要可分为三种主导类型：供应商主导型、平台主导型和零售商主导型。供应商主导型以小米为代表，通过掌控整个商品供应链和价值链，打造自有品牌，提升消费者体验。小米通过小米商城、天猫旗舰店和小米之家实现线上线下同等服务策略，小米之家作为线下体验店提供即时购买服务，断货时消费者可选择就近门店或网络下单，节省了中间代理成本，使消费者更便捷地获取产品和服务体验。平台主导型以阿里巴巴为典型代表，通过招募商户向消费者提供商品，收取交易佣金或自营。阿里巴巴通过全方位布局和大数据云服务支撑，实现了盒马鲜生线上线下数据互通，线上App获取消费者购买记录和偏好后，再传递至线下实体店，从而实现线上线下无缝衔接。零售商主导型则是传统零售商转型升级，利用实体门店优势，整合线上线下资源。例如，永辉超市推出的超级物种，通过数字化改造和供应链整合，打造全渠道销售平台，提供多样化的消费体验。新零售模式的发展，为消费者提供了更加便捷、多样化的购物体验，也为零售行业的转型升级提供了新的思路和方向。当客户在实体店铺下订单时，他们会收到相应的产品类型及地理位置的信息，这些信息会被用于订单分发并传输至负责挑选产品的员工手上。接着，包装好的货物将会被交付运输者，最后完成递送任务。依托阿里的云计算技术，该平台能够对交易和物流系统进行有效的运算处理，从而有效减少运营成本，提高创新速度。接下来就是第三方

的领导方式。由于其拥有完善的物流网络，因此建立物流链条的费用相对较少，同时实现了物流的数字化管理。此外，它还可通过连接平台上的物流服务来满足企业的生产消费需要，提升整体的物流效能。例如，顺丰快递作为其中的典型例子，依靠着公司的强劲实力和稳定的自有物流网络，从2012年开始就创建了顺丰精选，专注于中高档食品领域，采用预购的方式，满足用户个性化的购买需求，确保下单后的直接采购，结合先进的航空物流，全程冷藏保鲜，最终利用顺丰直达迅速而高效地把新鲜食材发送到消费者的手里。预计将来这种模式也将在其他各类商品中得到推广应用。

新零售商业模式具有多重特点，包括店仓一体的模式、多元业态组合、多样化产品种类、多渠道化转型、定制化服务、多元化发展和关注消费升级和人群变迁。这些特点使其适应不同消费场景和多元需求，充分利用多渠道和灵活性，致力于提供更好的购物体验，并实现创新性的发展。新的零售业态颠覆了线上的独立性和线下的自我保护主义，使得两者能够互相补充和互赖，线上主要承担着交易及付款的功能，而线下更倾向于提供挑选和体验的服务场所。快速的物流网络把线上线下紧密地联系在一起，形成了完整的商业循环。这种方式让顾客不仅能在传统的实体店中享受优质的购物体验，也能享有在线电子商务的价格优惠和服务便捷性，并且随着新型技术的广泛应用，商家所提供的商品和服务会更加智能化，从而实现“1+1>2”的效果。在这个全新的零售模式里，顾客可以在智能、高效率、迅速、便宜、愉快的环境中自由选购，他们的购物体验得到了显著改善，年轻人对于消费升级的需求也被很好地满足，这极大地推动了社会的经济发展。

第三节　零售商业模式推动经济高质量发展

我国现代零售业的商业模式要完成向新零售模式的产业升级，高质量发展是必经之路。高质量发展代表着能够满足不断增长的人民美好生活需求，体现了新发展理念，以创新为主要动力、协调内在特征、绿色普遍实践、开放不可或缺、共享根本目标的发展方式。具体而言，高质量发展旨在将经济增长的关注点从“有没有”向“好不好”转变。在当前和今后一个时期，推动高质量发展成为确定发展战略、制定经济政策和实施宏观调控的基本要求。我们需要快速建立和不断完善与高质量发展相关的标准、政策、指标、统计体系和绩效评价，并将其纳入政绩考核。从三个方面来看，坚持以高质量发展为主题在“十四五”时期至关重要，首先，经济发展需要以健康的方式持续前进。我国正处于关键的转型期，劳动力成本上升，资源环境限制日益显著，粗放型发展方式已经不再适用，而且经济循环不畅。为应对这些挑战，我们需要全面贯彻新发展理念，将质量和效益置于优先地位，以推动质的改进、效率提高和动力变革。其次，推动高质量发展有助于解决我国社会的主要矛盾。我国社会主要矛盾已经转化为人民日益增长的美好生活需求和不平衡不充分的发展之间的矛盾，重点体现在发展质量方面。坚持以高质量发展为主题，意味着在提高质量的同时实现数量的有效增长，进入新的发展阶段。高质量发展不仅适用于经济领域，还需要在社会主义现代化建设的各个领域体现，以满足人民对美好生活的期望，增强人民的幸福感和安全感。最后，推动高质量发展是遵循经济规律的必然要求。历史上，那些成功实现从中等收入经济体向高收入经济体转变的国家和地区经历了从高速增长到质的提高的阶段。而那些未能实现这一根本性变革的国家则没有取得显著的进展。经济发展的量的积累在某个时刻需要转向质的提升，我国也需要顺应和遵循这一规律来实现高质量发展。

一、推动开放发展

高质量发展代表了一种发展模式，它致力于满足日益增长的人民美好生活需求，体现了新发展理念，强调创新作为主要动力、协调成为内在特点、绿色普遍成为形态、开放成为必由之路，以及共享作为根本目标的发展方式。可以简洁地说，高质量发展将经济发展从“有与无”转变为“好与坏”。推动高质量发展已经成为当前和未来一个时期制定发展思路、经济政策和实施宏观调控的核心要求。为了实现高质量发展，必须迅速建立和不断完善支持高质量发展的指标、政策、标准、统计和绩效评价体系，以及政绩考核。高质量发展是中国经济社会发展历史、实践和理论的统一体现，它标志着全面建设社会主义现代化国家新征程的开始，是实现第二个百年奋斗目标的核心途径。因此，我们必须深刻理解《中共中央关于党的百年奋斗重大成就和历史经验的决议》的精神实质，并将高质量发展理念贯穿于经济社会发展的各个领域和层面。

以高质量发展理念为方法论指导传统零售产业完成转型升级是当下产业升级的重要议题，如何让高质量发展赋能新零售商业模式，且保证整体的宏观经济环境不掉入“脱实向虚”的陷阱当中是该研究需要去解决的问题。当下中国经济正处于高质量发展进程中“惊鸿一跃”的阶段，由于“房住不炒”概念的提出，房地产业面临着去库存的压力以及扛着率先实现高质量发展的行业排头兵的重责，这也使得一些地方政府产生相应的债务危机，2023 年 10 月中旬中央再次发行 1 万亿元人民币的国债并且保证全部用于地方，以此来帮助地方政府来稳定经济，平稳度过高质量发展阶段的关键时期。在发行国债的同时，人民银行继续降息来刺激市场经济，为新零售商业模式的持续发展提供了好的成长环境。尽管美元加息、外资出逃、外贸收紧等一系列不稳定的国际因素不停向中国经济施压，但作为促进中国国内大循环的重要产业，新零售业不仅受到的冲击很小还可以成为抵御压力的重要手段。横向对比以美国为首的西方国家，新零售业态的发展仍与我国有一定的差异与差距，如表 9－2 所示。

表 9－2　　中美新零售对比

项目	中国新零售企业	美国新零售企业
类型	电商、实体店、O2O	电商、实体店、O2O
市场规模	全球第二大零售市场，快速发展的中产阶级	全球最大的零售市场、成熟的中产阶级
消费者行为	移动购物、社交电商、线上到线下融合	移动购物、全渠道零售、个性化需求

续表

项目	中国新零售企业	美国新零售企业
竞争态势	众多新兴企业崛起、市场竞争激烈	领先企业主导市场，创新企业不断涌现
技术应用	大数据、人工智能、物联网	大数据、区块链、人工智能
发展趋势	智能化、无人化、体验式消费	个性化、即时物流、智能供应链

第一，美国与中国的新零售市场规模和竞争格局不同。2022 年全球电子商务零售额达到 4.9 万亿美元，其中美国占比为 22.6%，中国占比为 54.7%。[①] 美国的电子商务市场主要由亚马逊一家独大，而中国的电子商务市场则有阿里巴巴、京东、拼多多等多家竞争者。这意味着中国的电子商务企业有更强的动力和压力进行创新和转型，而美国的电子商务企业则相对保守和稳定。第二，美国与中国的实体零售与新零售的市场发展程度和特点不同。2022 年全球实体零售额达到 22.4 万亿美元，其中美国占比为 21.5%，中国占比为 19.9%。[②] 美国的实体零售市场较为成熟和完善，有沃尔玛、家乐福等大型连锁超市，以及各种专业化、个性化的小型零售店。中国的实体零售市场则相对落后分散，有大量的传统小店和便利店，以及一些新兴的无人店和智能店。这意味着中国的实体零售市场有更大的改革和完成传统零售向新零售数字化升级的空间，而美国的实体零售市场则相对饱和和固化。第三，美国与中国的消费者需求和习惯不同。美国与中国的人均 GDP 分别为 6.5 万美元和 1 万美元，这反映了两国消费者的购买力和消费水平存在较大差距。此外，两国消费者的购物方式也有所不同。美国消费者倾向于批量采购，一次性把商品运回家再慢慢使用。中国消费者倾向于零星采购，随时随地购买自己需要的商品。这意味着两国消费者对于新零售商业模式提供的便利性、个性化、体验化等价值有不同的认知和需求。中国公民的消费习惯更有利促进新零售商业模式的发展，创造出更多有价值的需求。

①② 纪相宇. 新零售背景下盒马鲜生商业模式分析及优化策略研究［D］. 北京化工大学，2023.

二、实现协同共享发展

新零售业态要实现高质量发展就得先解决当下所存在的一些问题，克服科技这把“双刃剑”所带来的市场乱象。截至目前，大部分新零售实践者和研究者都已意识到新零售全渠道营销的特征，即多种渠道组合方式。随着消费者偏好朝向个性化、品质化、流动化、变异化、多样化变化，他们将不再满足于通过单一渠道选购商品，而更倾向于通过比较和交替使用各种零售渠道来完成购买行为。零售商需要根据消费者需求，加强购物中心、百货店、大卖场、社区便利店、电商平台、移动 App、跨境电商等多种营销渠道的应用与整合，以适应新零售对全渠道营销的需求。在新零售全渠道营销模式下，零售企业面对着顾客身份信息分散的难题，若不能精确地鉴别出顾客在多个渠道中的身份，则不能充分发挥其优势。通过搭建大数据共享平台，实现身份信息、购物账号、购物明细等信息的唯一性，实现全渠道营销模式下顾客无差别的服务体验。阿里巴巴对新零售的概念强调了有效的供应链集成与物流系统的协同，这也是由于他们清楚地意识到了物流与配送对于新零售的重要性，但是，集成起来的困难也是不可否认的。这主要可以通过全渠道营销整合、采购整合和信息协同这几大方面来整合物流渠道。全渠道营销整合以消费者为中心，以数据为驱动，以平台为基础，以营销为手段，通过数据挖掘和分析，实现精准营销和个性化推荐，提高消费者满意度和忠诚度。采购整合需要建立统一的采购平台和供应商管理系统，实现集中采购和供应商协同，降低采购成本和风险。信息协同需要建立统一的数据平台和信息系统，实现数据共享和信息协同，提高供应链透明度和响应速度。通过这些方式，新零售商业模式可以更好地整合物流渠道，提高物流效率和消费者体验。

新零售模式的发展，也带来了一些企业利用市场监管和商业模式漏洞进行新型造假的问题。例如，瑞幸咖啡利用外卖码的特性，通过跳单、随意增加订单数量等方式，来虚增订单数量和单店平均订单数量，以此来扩大营业利润。而康得新这一 A 股历史上最大的假账，更是以数字为基础，伪造了一个虚假的出口贸易链条，从而达到了 119 亿元人民币的惊人数字。

这类新的伪造方法易于实施，难以监控，对监管部门及人员的审计提出了更高的要求。相比之下，传统造假方式在虚增资产的同时，也会增加利润，且这些虚增的资产往往有形，易在审计过程中暴露，如虚增固定资产会被监盘，虚增往来会被函证。因此，新商业模式的使用给监管带来了更大挑战和困难。为促进新零售业的高质量发展，必须用新的零售思维建立科学的数字化内部控制体系。企业应当认真分析内外部条件及未来发展，从内部控制五要素入手，搭建内控网络体系，制订符合自身需求的管控机制，不给不法分子可乘之机。只有建立健全的内控体系，才能有效防范财务造假，保障新零售业的可持续发展。

新零售市场份额的不断增加，导致线上获客成本超过了线下获客成本。为应对这一变化，阿里巴巴、京东、苏宁、国美、沃尔玛、亚马逊等国内外零售巨头积极推进全渠道营销，并与传统零售渠道合作。以阿里巴巴为例，通过购买联华超市股份，使其能够识别、可触及、可洞察和服务的顾客，从而完成重构商业生态。阿里巴巴已经在网上零售市场中建立了一些优势，如零售通，它为小商店提供了一个新的进货渠道，为便利店提供了技术、流量、供应链等方面的支持。但是，目前我国的电商企业仍然面临一系列的问题。首先是市场需求不匹配，电商平台上某些小众产品转移到线下后，可能无法有效吸引目标受众，导致线下销售体验成本增加。其次是企业在实体布局方面存在限制，转型至线下后，销售渠道受限，销售额下降；如果自建线下渠道，可能缺乏相关分销经验，难以快速扩大规模。为解决这些问题，企业在探索新零售线上线下融合发展时，应着眼于协同互补，通过整合资源、优势等促进跨界融合发展，实现全面协同管理。在有效控制费用的同时，提升企业整体价值，在融合发展中取得市场竞争优势，树立良好品牌形象，确保产品销售获得消费者认可。只有充分考虑线上线下差异，合理布局，才能实现新零售模式下的可持续发展。

三、坚持绿色发展，提升发展韧性

要促进新零售业态的高质量发展，硬软件设施的协同发展至关重要。

在基础设施建设上，首先要加强信息网络基础设施建设。以杭州为例，该市大力推进“双千兆”网络建设，计划到2022年实现千兆光网和5G网络全域覆盖，为新零售发展奠定坚实基础。同时，要打造低时延、高可靠、广覆盖的新一代通信网络，推动车联网部署应用。例如，上海推出智慧停车服务平台“停车宝”，利用车联网技术为驾驶员提供实时停车位信息和导航服务。同时要完善商贸流通基础设施网络。建立健全数字化商品流通体系，在新兴城市、重点乡镇和中西部地区加快布局数字化消费网络。例如，京东在全国建立了1400多个县级服务中心，覆盖了近90%的县域市场，有效降低了物流成本。此外，要补齐农产品冷链物流设施短板，推进智能终端设施建设和资源共享。例如，顺丰推出了“丰巢”智能快递柜，方便消费者24小时收取快递。最重要的在于要加力推动线上线下消费有机融合。支持互联网平台企业向线下延伸拓展，引导实体企业开发数字化产品和服务。例如，阿里巴巴推出“淘宝直播”功能，帮助商家通过直播带货，实现线上线下融合。同时，要加快推广农产品“生鲜电商 + 冷链宅配”等服务新模式。例如，“盒马鲜生”通过“中央厨房 + 食材冷链配送”模式，为消费者提供新鲜、便捷的购物体验。深化改革优化环境也同样重要。以深化“放管服”改革、优化营商环境推动新型消费加快发展。例如，浙江省推出“最多跑一次”改革，大幅压缩企业开办时间，激发市场活力。总体而言，新零售的高质量发展需要硬软件设施的协同发展，包括加强信息网络基础设施建设、完善商贸流通基础设施网络、推动线上线下消费有机融合以及深化改革优化环境等多方面举措。只有系统性优化制度体系和发展环境，才能最大限度地激发市场活力，推动新零售行业持续健康发展。

参考文献

[1] 陈安伊，丁雯．浅析新时代背景下商业银行零售存款业务发展现状及趋势［J］．商讯，2020（26）：66－67.

[2] 彭娟．新媒体时代零售业态创新［J］．中国流通经济，2016，30（10）：89－96

[3] 王江．新零售时代零售行业的市场营销策略剖析［J］．内蒙古煤炭经济，2021（10）：82－83.

[4] 刘美霞．我国零售行业发展态势分析及建议［J］．营销界，2023（15）：23－25.

[5] 董志强，魏下海，汤灿晴．制度软环境与经济发展——基于30个大城市营商环境的经验研究［J］．管理世界，2012（4）：9－20.

[6] 苏明，贾西津，孙洁等．中国政府购买公共服务研究［J］．财政研究，2010（1）：9－17.

[7] 林钧跃．失信惩罚机制的设计和维护［J］．经济社会体制比较，2002（3）：1－6.

[8] 程园，朱敏．我国零售业态变迁历史及发展趋势研究［J］．环渤海经济瞭望，2023（9）：35－38.

[9] 吴雪．消费者从实体商店向网络商店的转移行为研究［D］．大连理工大学，2015.

[10] 周宏敏．改革开放以来我国零售业发展研究［J］．上海商业，2023（1）：11－13.

[11] 张艳，米锦欣，于继超等．零售商业模式研究［M］．北京：经济日报出版社．2015.

[12] 王超，刘立丰．智能零售：全新的技术、场景、消费与商业模式

[M]. 杭州：浙江大学出版社，2021.
[13] 王先庆. 新零售：零售行业的新变革与新机遇 [M]. 北京：中国经济出版社，2017.
[14] 张向阳. 我国传统零售企业转型网上零售模式的问题与对策研究 [J]. 电子商务，2012 (6)：29-31.
[15] 郭杨. 云市场下多用户协同的非合作博弈模型研究 [D]. 湖南大学，2020.
[16] 铃木安昭，田村正纪，冯玉林. 日本商业的零售与批发 [J]. 广西商专学报，1995 (3)：28-37.
[17] 向山雅夫，鱼金涛. 国际批发中心的功能与必要条件——以 IMM 与 ATC 为中心 [J]. 外国经济与管理，1992 (11)：004.
[18] 菲利普·科特勒，凯文·莱恩·凯勒，亚历山大·切尔内夫. 营销管理（第 16 版）[M]. 北京：中信出版集团，2024.
[19] 杜睿云，王宝义. 新零售：研究述评及展望 [J]. 企业经济，2020，39 (8)：128-135.
[20] 陈传明. 基于第四次零售革命的零售业创新发展趋势研究 [J]. 商业经济研究，2020 (8)：44-46.
[21] 董常亮. 全渠道营销模式下新零售企业商业模式创新动力、路径及发展策略 [J]. 江苏商论，2020 (7)：3-7.
[22] 郭守亭，李万方，蔡佳佳. 基于模块化思想的零售商业模式构成及创新路径研究 [J]. 宏观经济研究，2016 (2)：113-119.
[23] 沈永言，吕廷杰. 商业模式基本概念重思 [J]. 管理现代化，2011 (1)：29-31.
[24] 许蔚. RCEP 生效给中国纺织业带来的机遇、挑战及对策研究 [J]. 黑龙江纺织，2023 (2)：42-45.
[25] 余祖鹏，刘银双. 城市便利店与居民食品消费耦合协调关系实证研究 [J]. 当代经济，2023，40 (8)：104-112.
[26] 纪宝成，谢莉娟. 新时代商品流通渠道再考察 [J]. 经济理论与经济管理，2018 (7)：31-47.

[27] 黄新生，袁雪平．论我国商品流通渠道的建设［J］．企业经济，2003（3）：28－29.

[28] ［3］夏梦迪，吕浩．我国未来服装电子商务的发展趋势及商业模式分析［J］．化纤与纺织技术，2023，52（2）：1－3.

[29] 金杉山．电子商务物流“最后一公里”配送研究［J］．现代营销（下旬刊），2019（1）：158.

[30] 李岚．新零售模式下对零售企业营运能力的影响及对策研究［J］．经济管理文摘，2021（19）：76－77.

[31] 张艳，米锦欣，于继超等著．零售商业模式研究［M］．北京：经济日报出版社．2015.

[32] 邸鸿喜，刘洋鑫，葛文妙．新零售业态下高校周边便利店选址分析［J］．技术与创新管理，2021，42（5）：561－567.

[33] 徐晨旸．数字贸易对消费者行为的影响研究［J］．中国商论，2024（7）：82－85.

[34] 乐琰，卫雅琪．线上线下融合＋降本增效，零售上市公司上半年集体盈利［N］．第一财经日报，2023－08－28（A09）.

[35] 商业回归精益零售时代，消费场景升级为“新体验式＋情景式＋购物”的商场，为啥这么好逛？https：//www.shangyexinzhi.com/article/4881550.html.

[36] 黎传熙．数字经济赋能“新消费新业态”商业生态体系构建——以场景体验式“新零售”企业为视角［J/OL］．企业经济，2023（06）：109－120［2023－06－26］．https：//doi.org/10.13529/j.cnki.enterprise.economy.2023.06.011.

[37] 体验式商业积聚人气，实体商业重返巅峰．https：//zhuanlan.zhihu.com/p/554859870.

[38] 业务战略的本质就是价值链模型－深度解构价值链模型．https：//zhuanlan.zhihu.com/p/275739100.

[39] 杨晓东．价值链理论视角下零售企业市场营销优化策略［J］．投资与创业，2023，34（5）：125－127.

[40] 张光杰. 中国法律概论 [M]. 上海：复旦大学出版社，2005.

[41] 国务院办公厅. 关于推动实体零售创新转型的意见，国办发〔2016〕78 号.

[42] 狄蓉，曹静，赵袁军. “新零售”时代零售企业商业模式创新 [J]. 企业经济，2020 (04)：37 –45.

[43] 王超贤. 中美差异化网络零售模式根源的探索 [J]. 现代管理科学，2016 (1)：58 –60.

[44] 黄红华. 政策工具理论的兴起及其在中国的发展 [J]. 社会科学，2010 (4)：13 –19，187.

[45] 商务部解读《“十四五”电子商务发展规划》. https：//www. gov. cn/zhengce/2021 –11/01/content_5648151. htm.

[46] 杨蕊. 新零售背景下 B 生鲜集团公司商业模式优化研究 [D]. 中原工学院，2023.

[47] 纪相宇. 新零售背景下盒马鲜生商业模式分析及优化策略研究 [D]. 北京化工大学，2023.

[48] 友数连锁 .2022 年国内外新零售发展存在差异 . https：//www. yoshu. com. cn/news/show –953. html.

[49] 徐印州，林梨奎. 新零售的产生与演进 [J]. 商业经济研究，2017 (15)：5 –8.

[50] 国务院办公厅. 国务院办公厅关于以新业态新模式引领新型消费加快发展的意见，国办发〔2020〕32 号.

后　记

本书是作者长期从事战略管理和商务管理研究的成果积累，作为工商管理大学科的学习者、研究者，作者有着较为丰富的工商企业、大学商学院、政府职能部门等工作实践经验，能够亲身体验零售商业模式创新性的发展。作者曾在厦门市商务局流通业发展处挂职工作过，深入调研过许多商贸企业，也参与政府相关商贸流通政策的制定与执行。本书最基础的积累是作者承担的《厦门市内贸流通体制改革和发展综合试点》项目方案，是作者在厦门市商务局工作时，参与的厦门市作为国务院遴选的全国九个内贸流通体制改革试点方案基础上，受商务局委托进一步细化为八个子课题的研究方案；同时，作者还承担了厦门市同安区政府《加快同安区服务业发展对策研究》、厦门市工商联《基于扩大内需的消费提质升级对策研究》《推进厦门民营企业融入现代流通体系建设研究》等课题，积累了本书创作的原始素材和内容。

在本书的撰写过程中，作者带领团队对相关流通业特别是零售行业进行了广泛深入的调研，获取大量第一手数据资料，同时也查阅了大量的文献，参考了许多研究者的成果，在此表示真挚的谢忱！特别要感谢集美大学工商管理学院副教授凌辉华老师对本书创作的支持和帮助，以及上述课题组成员曾经的共同努力和支持！

在写作的过程中，我的研究生付家豪（现在江西省德兴市政府办工作）、孙晓洁、赖先政、唐雅琴、赵懿卓参与了材料收集和整理，研究生胡奕杨、胡秀敏、白淼、张博洋、宁业鹏、王潇参与了文字校正核对，本科生张直诺、龚伍阳参与了资料收集。在此，对他们的参与付出表示衷心的感谢！

同样的，如果没有中国财政经济出版社编审段钢老师的热心指导和支持，也没有本书的顺利完成和付梓。这是段老师作为我第三本书的责任编辑（已出版过一本专著、一本教材），这一路走来的点滴成绩，都离不开段老师的关心和帮助，在此，对他表示最诚挚的感谢！

最后，我也要真心感谢含辛茹苦养育我的父母，感谢我亲爱的妻子谢芳老师和我那正在读研究生的儿子林劭康，是你们的爱、陪伴和支持，让我度过了多少个不眠的芸窗灯下！你们是我学术路上踯躅前行的见证者和搀扶者！还有我的其他家人们，你们也是我的精神支柱和努力跋涉的力量源泉！

本书的完成是我学术探索和努力的阶段性成果，由于作者的知识水平和能力有限，还存在许多的不足和欠缺，恳请各位专家学者批评指正！我愿意跟随时代的脚步，尽我所能，偿我所愿！